MW00876912

This Bead Loom Graph
Book Belongs to:

 # Contents

Contents

Materials List

Project Title:_____

Start Date:_____ Finish Date: _____

Seed Beads:

Weight:_____ Size: _____ Bead Type: _____
Weight:_____ Size: _____ Bead Type: _____
Weight:_____ Size: _____ Bead Type: _____
Weight:_____ Size: _____ Bead Type: _____
Weight:_____ Size: _____ Bead Type: _____

Other Beads:

Weight:_____ Size: _____ Bead Type: _____
Weight:_____ Size: _____ Bead Type: _____
Weight:_____ Size: _____ Bead Type: _____

Thread:

Type:_____ Size: _____ Color: _____
Type:_____ Size: _____ Color: _____
Type:_____ Size: _____ Color: _____

Beading Needles:

Type:_____ Size: _____
Type:_____ Size: _____
Type:_____ Size: _____

Findings & Other Materials: (Jump Rings, Clasps, Suede, Leather & More)

_____
_____
_____
_____
_____

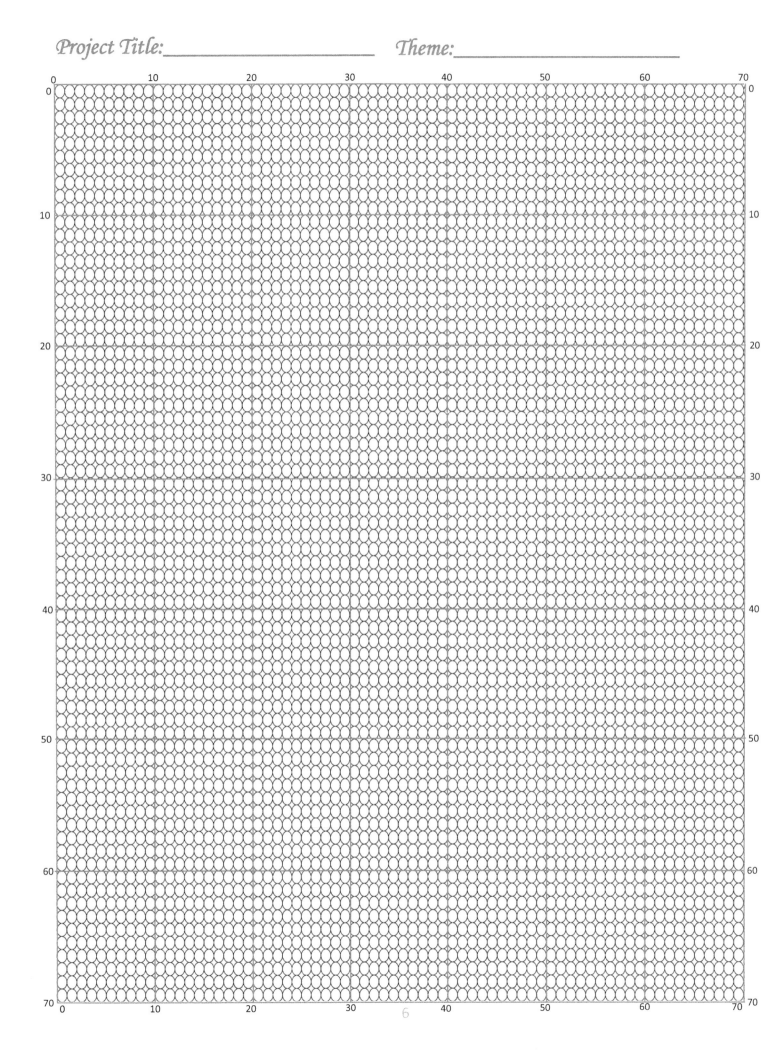

Materials List

Project Title:_____

Start Date:_____ Finish Date: _____

Seed Beads:

Weight:_____ Size: _____ Bead Type: _____
Weight:_____ Size: _____ Bead Type: _____
Weight:_____ Size: _____ Bead Type: _____
Weight:_____ Size: _____ Bead Type: _____
Weight:_____ Size: _____ Bead Type: _____

Other Beads:

Weight:_____ Size: _____ Bead Type: _____
Weight:_____ Size: _____ Bead Type: _____
Weight:_____ Size: _____ Bead Type: _____

Thread:

Type:_____ Size: _____ Color: _____
Type:_____ Size: _____ Color: _____
Type:_____ Size: _____ Color: _____

Beading Needles:

Type:_____ Size: _____
Type:_____ Size: _____
Type:_____ Size: _____

Findings & Other Materials: (Jump Rings, Clasps, Suede, Leather & More)

_____
_____
_____
_____
_____

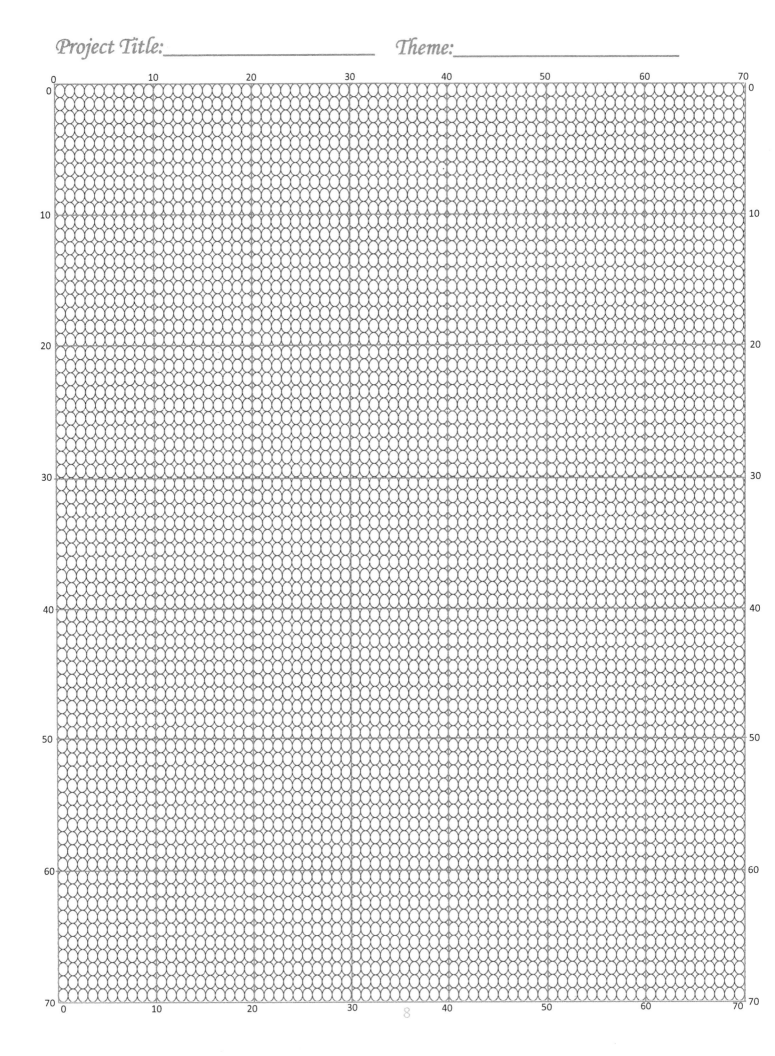

Materials List

Project Title:_____

Start Date:_____ Finish Date: _____

Seed Beads:

Weight:_____ Size: _____ Bead Type: _____
Weight:_____ Size: _____ Bead Type: _____
Weight:_____ Size: _____ Bead Type: _____
Weight:_____ Size: _____ Bead Type: _____
Weight:_____ Size: _____ Bead Type: _____

Other Beads:

Weight:_____ Size: _____ Bead Type: _____
Weight:_____ Size: _____ Bead Type: _____
Weight:_____ Size: _____ Bead Type: _____

Thread:

Type:_____ Size: _____ Color: _____
Type:_____ Size: _____ Color: _____
Type:_____ Size: _____ Color: _____

Beading Needles:

Type:_____ Size: _____
Type:_____ Size: _____
Type:_____ Size: _____

Findings & Other Materials: (Jump Rings, Clasps, Suede, Leather & More)

_____
_____
_____
_____
_____

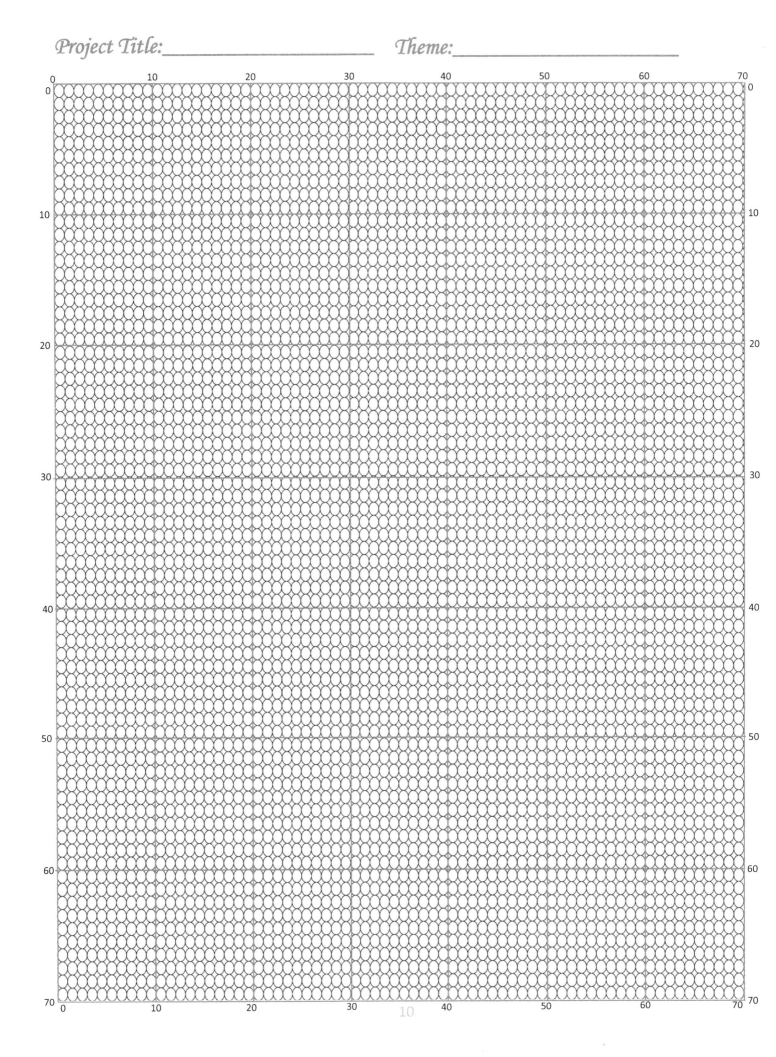

Materials List

Project Title:_____

Start Date:_____ Finish Date: _____

Seed Beads:

Weight:_____ Size: _____ Bead Type: _____
Weight:_____ Size: _____ Bead Type: _____
Weight:_____ Size: _____ Bead Type: _____
Weight:_____ Size: _____ Bead Type: _____
Weight:_____ Size: _____ Bead Type: _____

Other Beads:

Weight:_____ Size: _____ Bead Type: _____
Weight:_____ Size: _____ Bead Type: _____
Weight:_____ Size: _____ Bead Type: _____

Thread:

Type:_____ Size: _____ Color: _____
Type:_____ Size: _____ Color: _____
Type:_____ Size: _____ Color: _____

Beading Needles:

Type:_____ Size: _____
Type:_____ Size: _____
Type:_____ Size: _____

Findings & Other Materials: (Jump Rings, Clasps, Suede, Leather & More)

_____
_____
_____
_____
_____

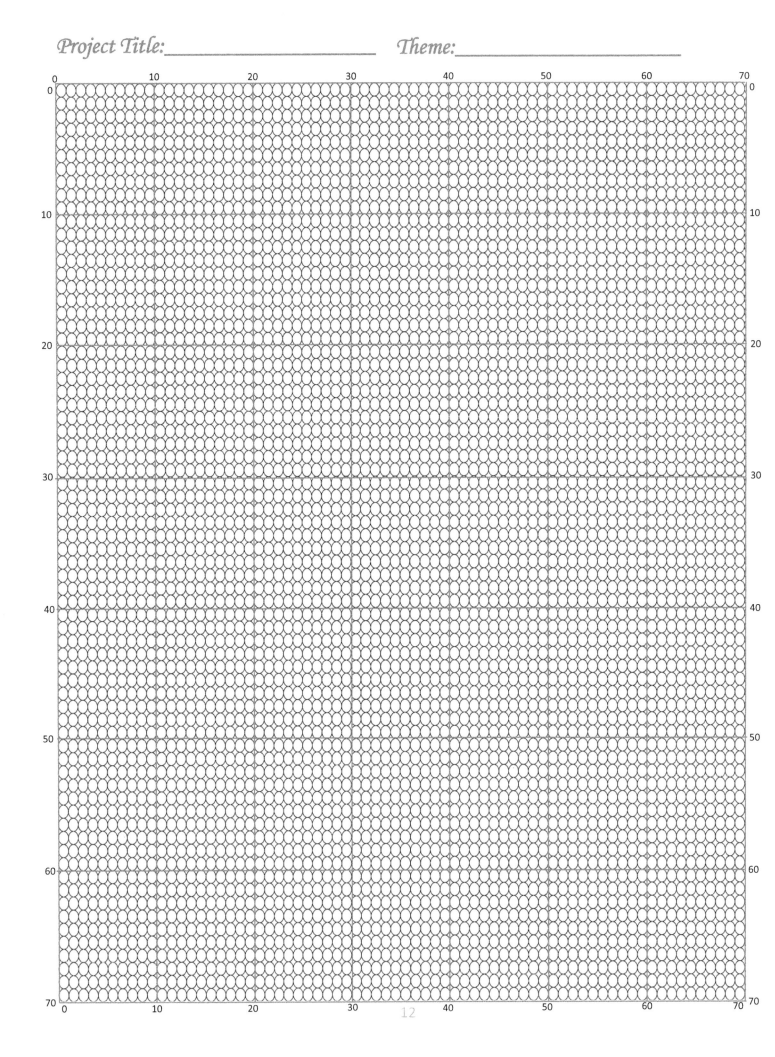

Materials List

Project Title:_____

Start Date:_____ Finish Date: _____

Seed Beads:

Weight:_____ Size: _____ Bead Type: _____
Weight:_____ Size: _____ Bead Type: _____
Weight:_____ Size: _____ Bead Type: _____
Weight:_____ Size: _____ Bead Type: _____
Weight:_____ Size: _____ Bead Type: _____

Other Beads:

Weight:_____ Size: _____ Bead Type: _____
Weight:_____ Size: _____ Bead Type: _____
Weight:_____ Size: _____ Bead Type: _____

Thread:

Type:_____ Size: _____ Color: _____
Type:_____ Size: _____ Color: _____
Type:_____ Size: _____ Color: _____

Beading Needles:

Type:_____ Size: _____
Type:_____ Size: _____
Type:_____ Size: _____

Findings & Other Materials: (Jump Rings, Clasps, Suede, Leather & More)

_____
_____
_____
_____
_____

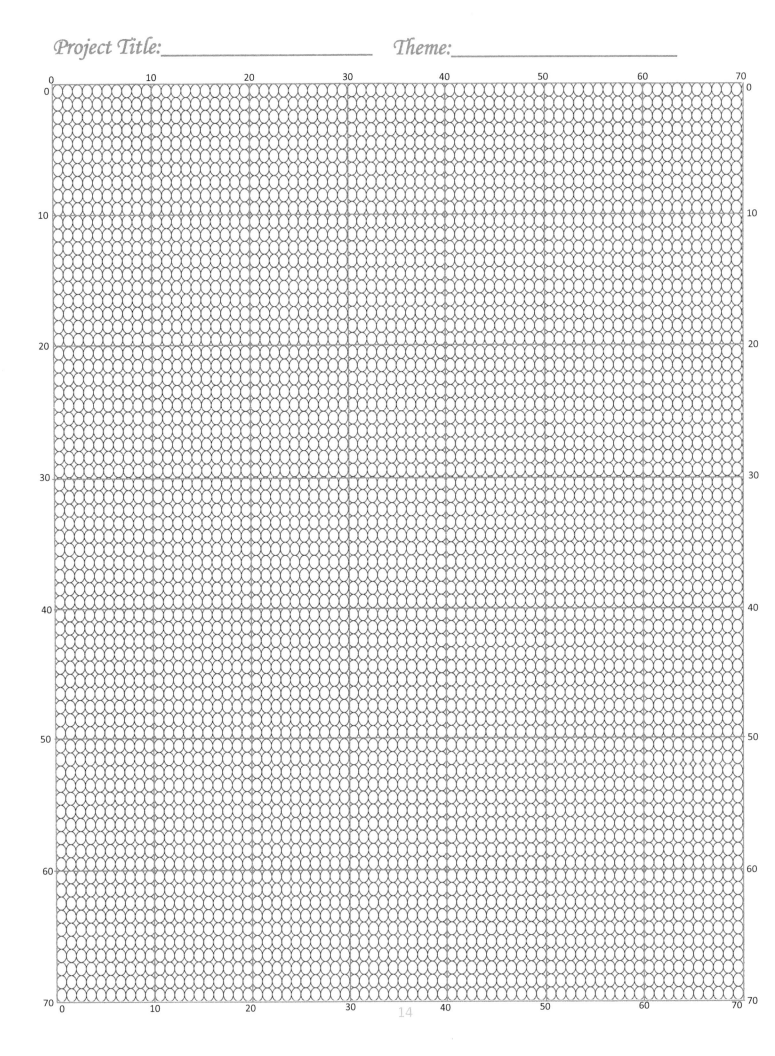

Materials List

Project Title:_____

Start Date:_____ Finish Date: _____

Seed Beads:

Weight:_____ Size: _____ Bead Type: _____
Weight:_____ Size: _____ Bead Type: _____
Weight:_____ Size: _____ Bead Type: _____
Weight:_____ Size: _____ Bead Type: _____
Weight:_____ Size: _____ Bead Type: _____

Other Beads:

Weight:_____ Size: _____ Bead Type: _____
Weight:_____ Size: _____ Bead Type: _____
Weight:_____ Size: _____ Bead Type: _____

Thread:

Type:_____ Size: _____ Color: _____
Type:_____ Size: _____ Color: _____
Type:_____ Size: _____ Color: _____

Beading Needles:

Type:_____ Size: _____
Type:_____ Size: _____
Type:_____ Size: _____

Findings & Other Materials: (Jump Rings, Clasps, Suede, Leather & More)

_____
_____
_____
_____
_____

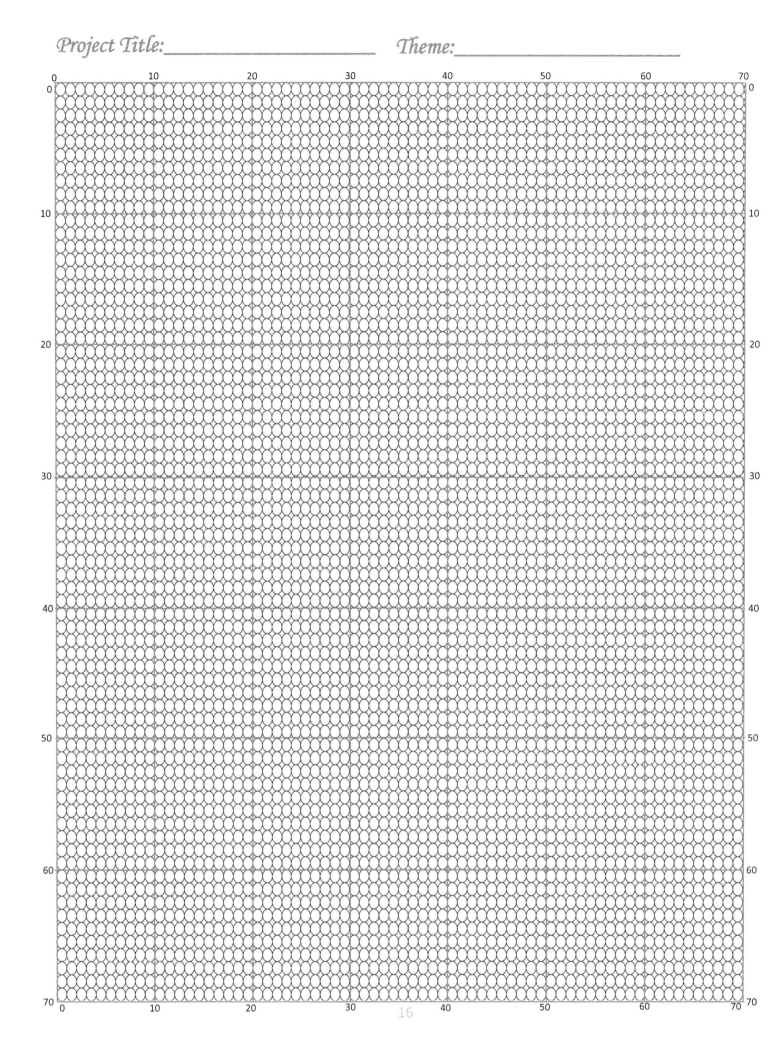

Materials List

Project Title:_____

Start Date:_____ Finish Date: _____

Seed Beads:

Weight:_____ Size: _____ Bead Type: _____
Weight:_____ Size: _____ Bead Type: _____
Weight:_____ Size: _____ Bead Type: _____
Weight:_____ Size: _____ Bead Type: _____
Weight:_____ Size: _____ Bead Type: _____

Other Beads:

Weight:_____ Size: _____ Bead Type: _____
Weight:_____ Size: _____ Bead Type: _____
Weight:_____ Size: _____ Bead Type: _____

Thread:

Type:_____ Size: _____ Color: _____
Type:_____ Size: _____ Color: _____
Type:_____ Size: _____ Color: _____

Beading Needles:

Type:_____ Size: _____
Type:_____ Size: _____
Type:_____ Size: _____

Findings & Other Materials: (Jump Rings, Clasps, Suede, Leather & More)

_____
_____
_____
_____
_____

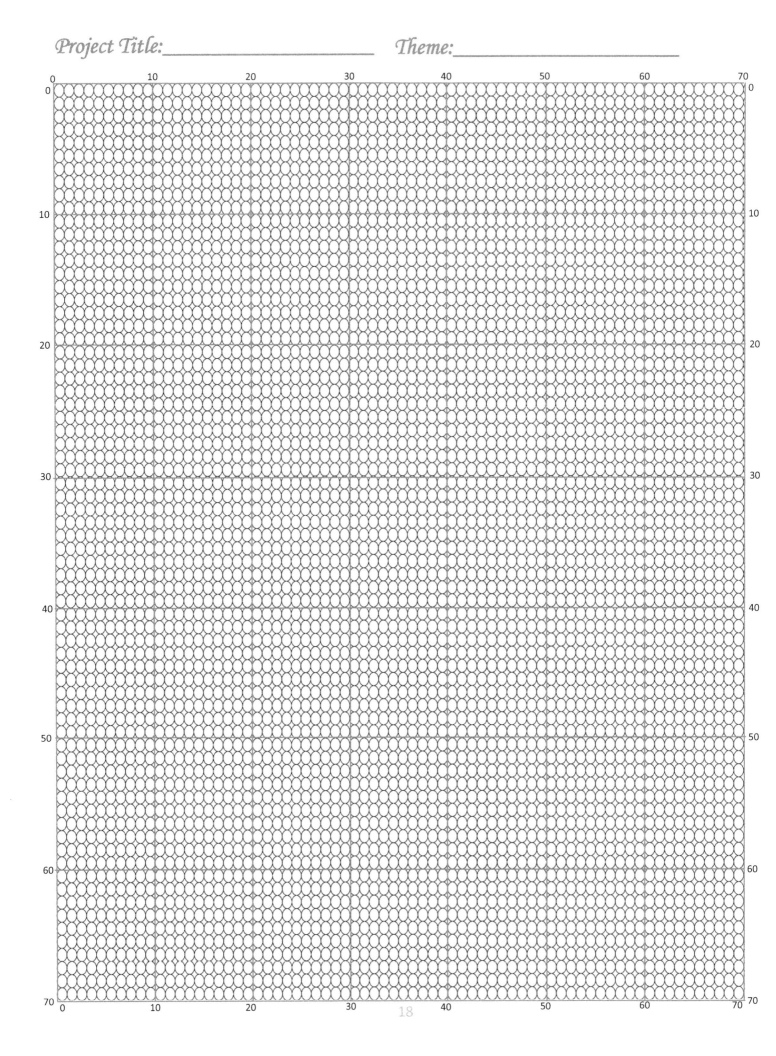

Materials List

Project Title:_____

Start Date:_____ Finish Date: _____

Seed Beads:

Weight:_____ Size: _____ Bead Type: _____
Weight:_____ Size: _____ Bead Type: _____
Weight:_____ Size: _____ Bead Type: _____
Weight:_____ Size: _____ Bead Type: _____
Weight:_____ Size: _____ Bead Type: _____

Other Beads:

Weight:_____ Size: _____ Bead Type: _____
Weight:_____ Size: _____ Bead Type: _____
Weight:_____ Size: _____ Bead Type: _____

Thread:

Type:_____ Size: _____ Color: _____
Type:_____ Size: _____ Color: _____
Type:_____ Size: _____ Color: _____

Beading Needles:

Type:_____ Size: _____
Type:_____ Size: _____
Type:_____ Size: _____

Findings & Other Materials: (Jump Rings, Clasps, Suede, Leather & More)

_____
_____
_____
_____
_____

Project Title:_____ Theme:_____

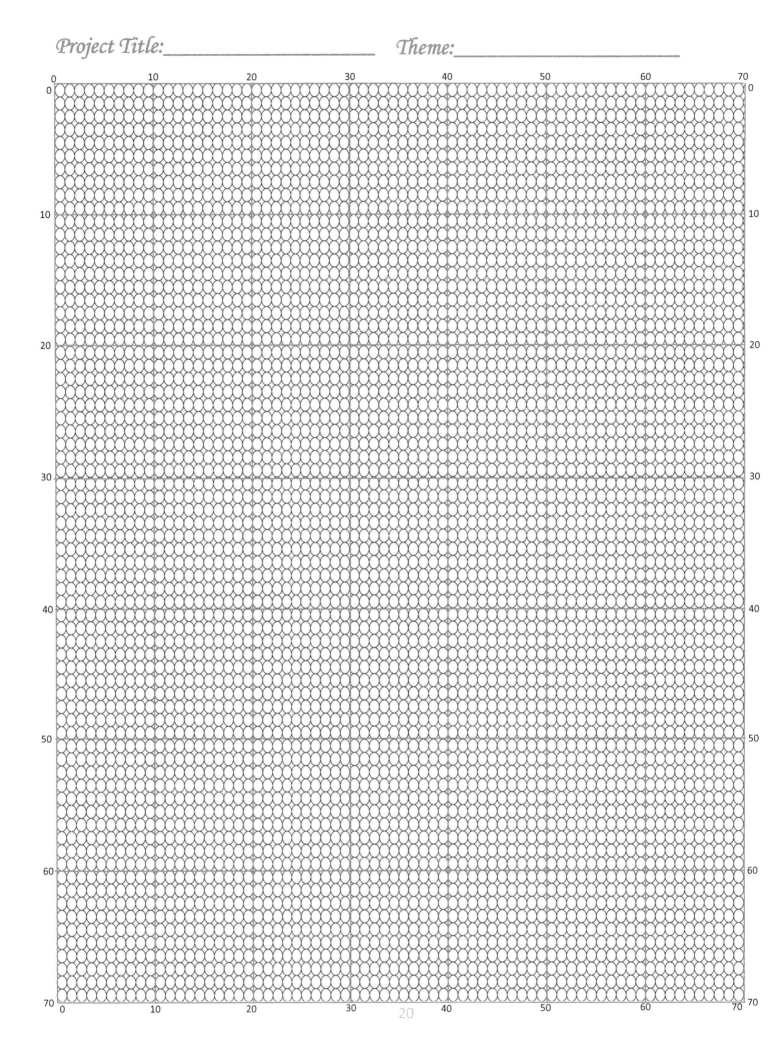

20

Materials List

Project Title:_____

Start Date:_____ Finish Date: _____

Seed Beads:

Weight:_____ Size: _____ Bead Type: _____
Weight:_____ Size: _____ Bead Type: _____
Weight:_____ Size: _____ Bead Type: _____
Weight:_____ Size: _____ Bead Type: _____
Weight:_____ Size: _____ Bead Type: _____

Other Beads:

Weight:_____ Size: _____ Bead Type: _____
Weight:_____ Size: _____ Bead Type: _____
Weight:_____ Size: _____ Bead Type: _____

Thread:

Type:_____ Size: _____ Color: _____
Type:_____ Size: _____ Color: _____
Type:_____ Size: _____ Color: _____

Beading Needles:

Type:_____ Size: _____
Type:_____ Size: _____
Type:_____ Size: _____

Findings & Other Materials: (Jump Rings, Clasps, Suede, Leather & More)

_____
_____
_____
_____
_____

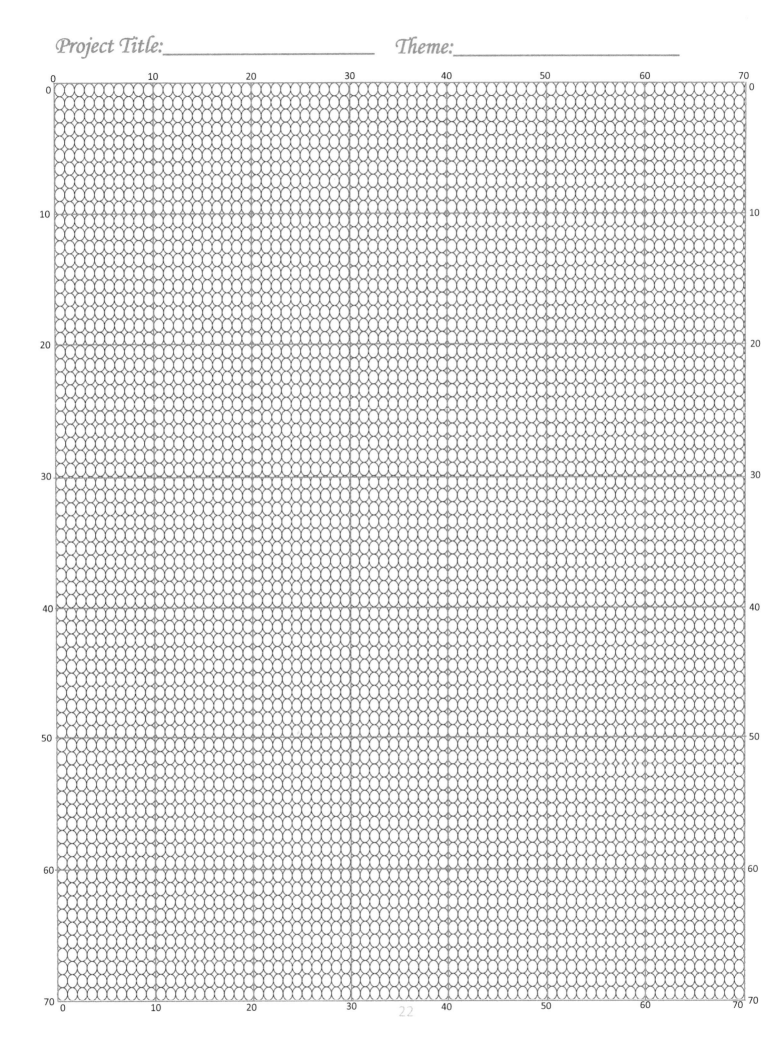

Materials List

Project Title:_____

Start Date:_____ Finish Date: _____

Seed Beads:

Weight:_____ Size: _____ Bead Type: _____
Weight:_____ Size: _____ Bead Type: _____
Weight:_____ Size: _____ Bead Type: _____
Weight:_____ Size: _____ Bead Type: _____
Weight:_____ Size: _____ Bead Type: _____

Other Beads:

Weight:_____ Size: _____ Bead Type: _____
Weight:_____ Size: _____ Bead Type: _____
Weight:_____ Size: _____ Bead Type: _____

Thread:

Type:_____ Size: _____ Color: _____
Type:_____ Size: _____ Color: _____
Type:_____ Size: _____ Color: _____

Beading Needles:

Type:_____ Size: _____
Type:_____ Size: _____
Type:_____ Size: _____

Findings & Other Materials: (Jump Rings, Clasps, Suede, Leather & More)

_____
_____
_____
_____
_____

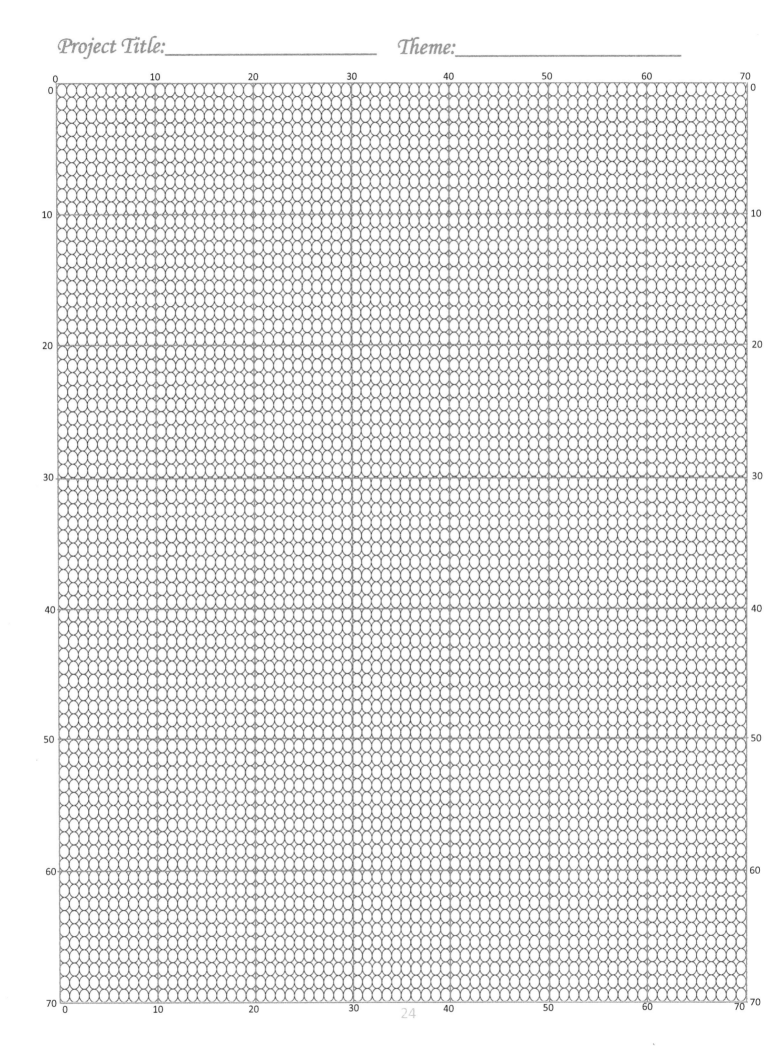

Materials List

Project Title:_____

Start Date:_____ Finish Date: _____

Seed Beads:

Weight:_____ Size: _____ Bead Type: _____
Weight:_____ Size: _____ Bead Type: _____
Weight:_____ Size: _____ Bead Type: _____
Weight:_____ Size: _____ Bead Type: _____
Weight:_____ Size: _____ Bead Type: _____

Other Beads:

Weight:_____ Size: _____ Bead Type: _____
Weight:_____ Size: _____ Bead Type: _____
Weight:_____ Size: _____ Bead Type: _____

Thread:

Type:_____ Size: _____ Color: _____
Type:_____ Size: _____ Color: _____
Type:_____ Size: _____ Color: _____

Beading Needles:

Type:_____ Size: _____
Type:_____ Size: _____
Type:_____ Size: _____

Findings & Other Materials: (Jump Rings, Clasps, Suede, Leather & More)

_____
_____
_____
_____
_____

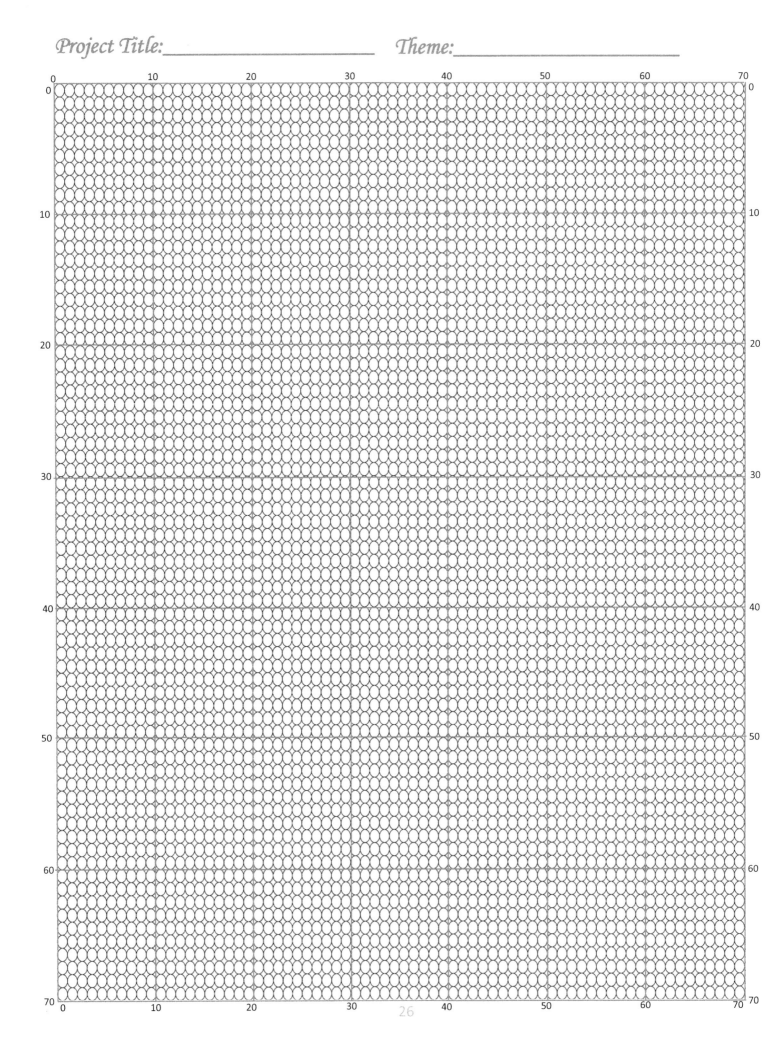

Materials List

Project Title:_____

Start Date:_____ Finish Date: _____

Seed Beads:

Weight:_____ Size: _____ Bead Type: _____
Weight:_____ Size: _____ Bead Type: _____
Weight:_____ Size: _____ Bead Type: _____
Weight:_____ Size: _____ Bead Type: _____
Weight:_____ Size: _____ Bead Type: _____

Other Beads:

Weight:_____ Size: _____ Bead Type: _____
Weight:_____ Size: _____ Bead Type: _____
Weight:_____ Size: _____ Bead Type: _____

Thread:

Type:_____ Size: _____ Color: _____
Type:_____ Size: _____ Color: _____
Type:_____ Size: _____ Color: _____

Beading Needles:

Type:_____ Size: _____
Type:_____ Size: _____
Type:_____ Size: _____

Findings & Other Materials: (Jump Rings, Clasps, Suede, Leather & More)

_____
_____
_____
_____
_____

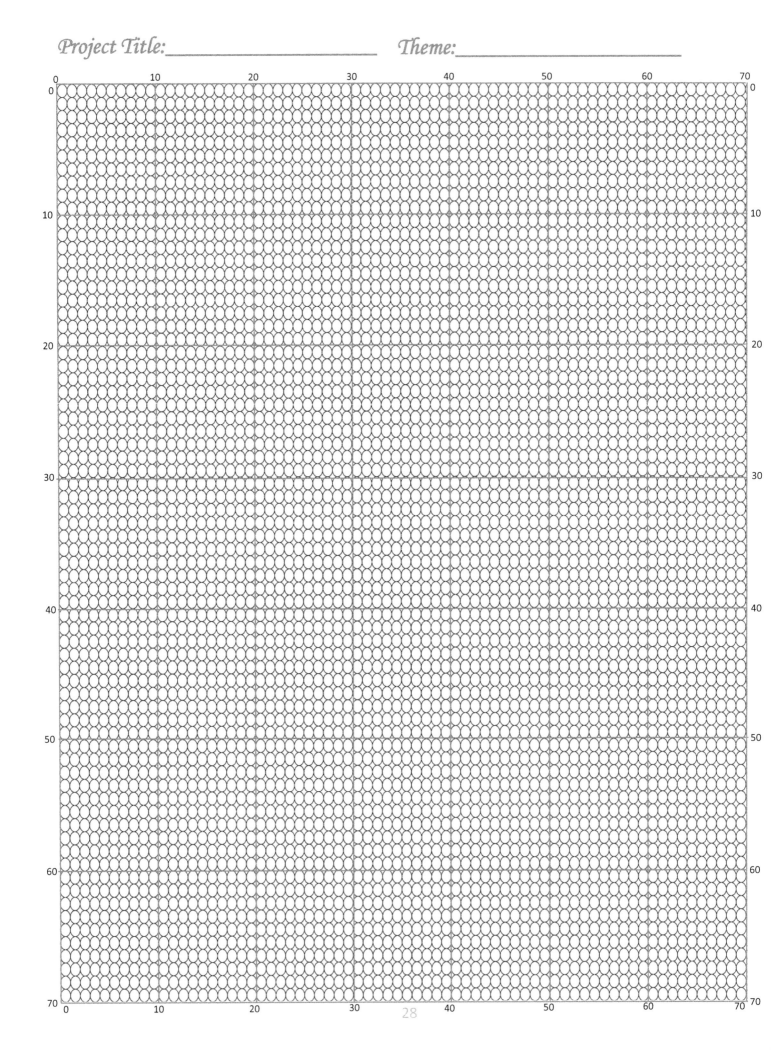

Project Title:_____ Theme:_____

Materials List

Project Title:_____

Start Date:_____ Finish Date: _____

Seed Beads:

Weight:_____ Size: _____ Bead Type: _____
Weight:_____ Size: _____ Bead Type: _____
Weight:_____ Size: _____ Bead Type: _____
Weight:_____ Size: _____ Bead Type: _____
Weight:_____ Size: _____ Bead Type: _____

Other Beads:

Weight:_____ Size: _____ Bead Type: _____
Weight:_____ Size: _____ Bead Type: _____
Weight:_____ Size: _____ Bead Type: _____

Thread:

Type:_____ Size: _____ Color: _____
Type:_____ Size: _____ Color: _____
Type:_____ Size: _____ Color: _____

Beading Needles:

Type:_____ Size: _____
Type:_____ Size: _____
Type:_____ Size: _____

Findings & Other Materials: (Jump Rings, Clasps, Suede, Leather & More)

_____
_____
_____
_____
_____

Project Title:_____ Theme:_____

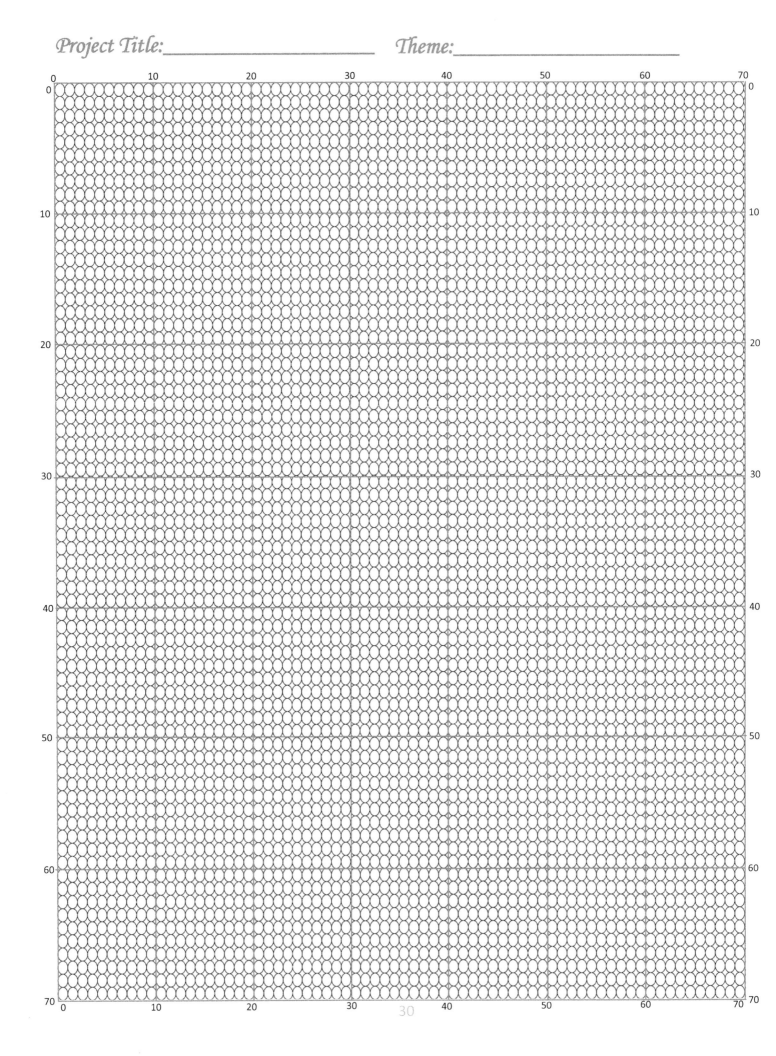

Materials List

Project Title:_____

Start Date:_____ Finish Date: _____

Seed Beads:

Weight:_____ Size: _____ Bead Type: _____
Weight:_____ Size: _____ Bead Type: _____
Weight:_____ Size: _____ Bead Type: _____
Weight:_____ Size: _____ Bead Type: _____
Weight:_____ Size: _____ Bead Type: _____

Other Beads:

Weight:_____ Size: _____ Bead Type: _____
Weight:_____ Size: _____ Bead Type: _____
Weight:_____ Size: _____ Bead Type: _____

Thread:

Type:_____ Size: _____ Color: _____
Type:_____ Size: _____ Color: _____
Type:_____ Size: _____ Color: _____

Beading Needles:

Type:_____ Size: _____
Type:_____ Size: _____
Type:_____ Size: _____

Findings & Other Materials: (Jump Rings, Clasps, Suede, Leather & More)

_____
_____
_____
_____
_____

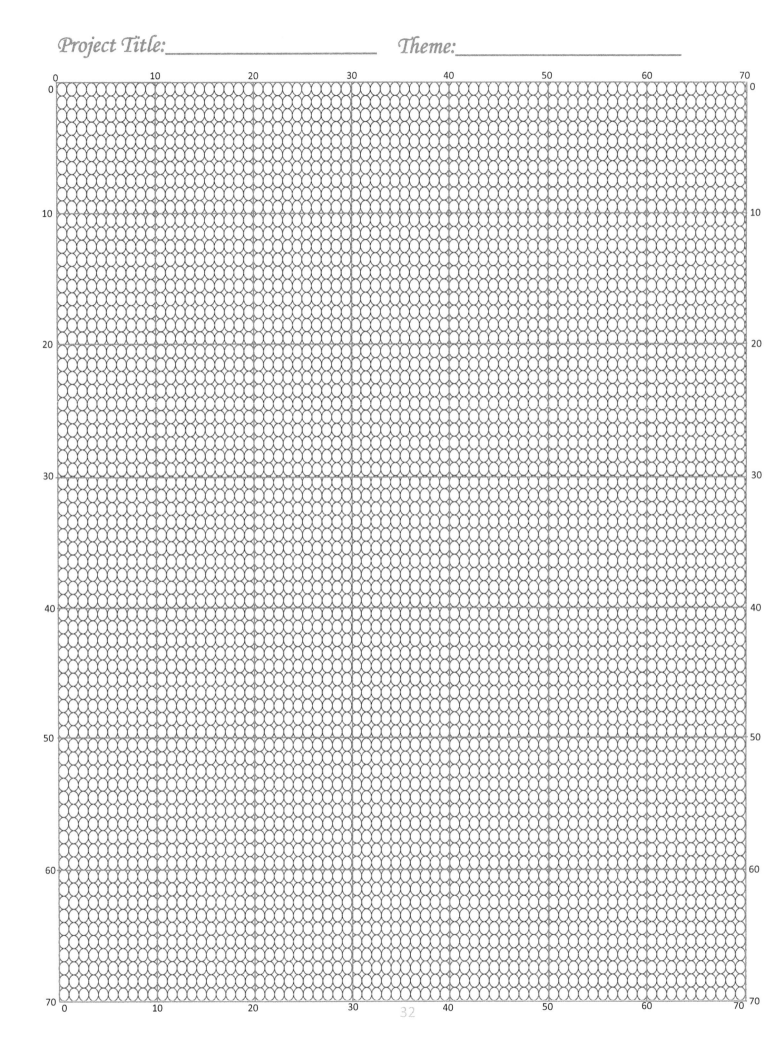

Materials List

Project Title:_____

Start Date:_____ Finish Date: _____

Seed Beads:

Weight:_____ Size: _____ Bead Type: _____
Weight:_____ Size: _____ Bead Type: _____
Weight:_____ Size: _____ Bead Type: _____
Weight:_____ Size: _____ Bead Type: _____
Weight:_____ Size: _____ Bead Type: _____

Other Beads:

Weight:_____ Size: _____ Bead Type: _____
Weight:_____ Size: _____ Bead Type: _____
Weight:_____ Size: _____ Bead Type: _____

Thread:

Type:_____ Size: _____ Color: _____
Type:_____ Size: _____ Color: _____
Type:_____ Size: _____ Color: _____

Beading Needles:

Type:_____ Size: _____
Type:_____ Size: _____
Type:_____ Size: _____

Findings & Other Materials: (Jump Rings, Clasps, Suede, Leather & More)

_____
_____
_____
_____
_____

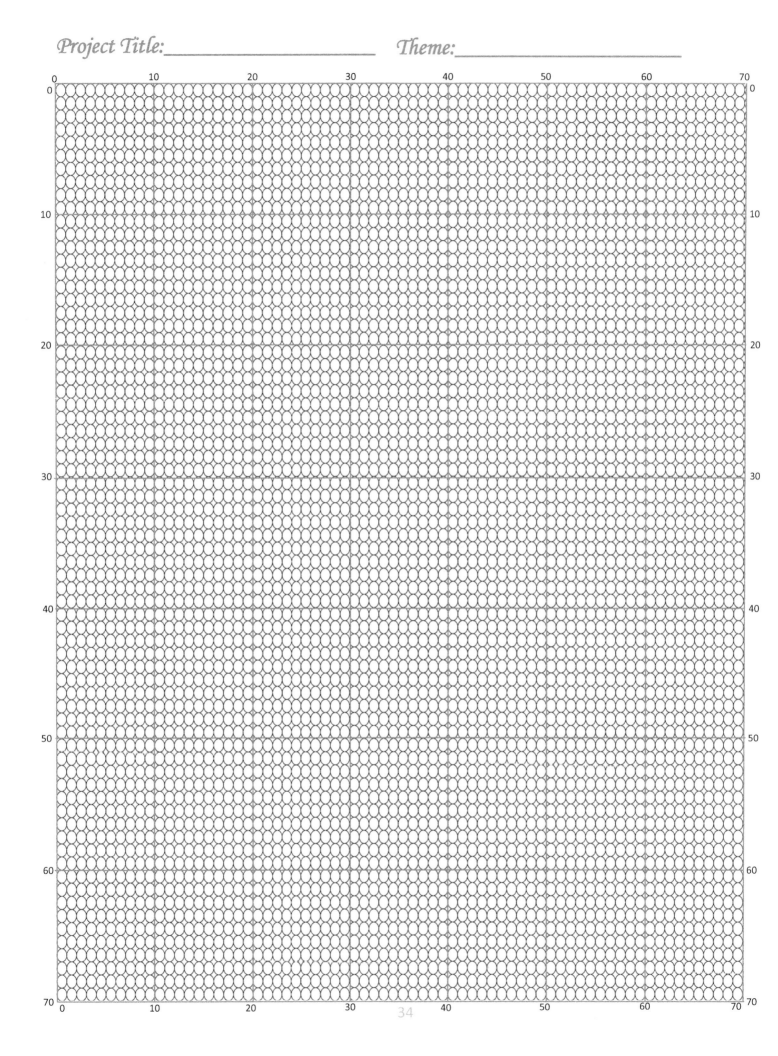

Materials List

Project Title:_____

Start Date:_____ Finish Date: _____

Seed Beads:

Weight:_____ Size: _____ Bead Type: _____
Weight:_____ Size: _____ Bead Type: _____
Weight:_____ Size: _____ Bead Type: _____
Weight:_____ Size: _____ Bead Type: _____
Weight:_____ Size: _____ Bead Type: _____

Other Beads:

Weight:_____ Size: _____ Bead Type: _____
Weight:_____ Size: _____ Bead Type: _____
Weight:_____ Size: _____ Bead Type: _____

Thread:

Type:_____ Size: _____ Color: _____
Type:_____ Size: _____ Color: _____
Type:_____ Size: _____ Color: _____

Beading Needles:

Type:_____ Size: _____
Type:_____ Size: _____
Type:_____ Size: _____

Findings & Other Materials: (Jump Rings, Clasps, Suede, Leather & More)

_____
_____
_____
_____
_____

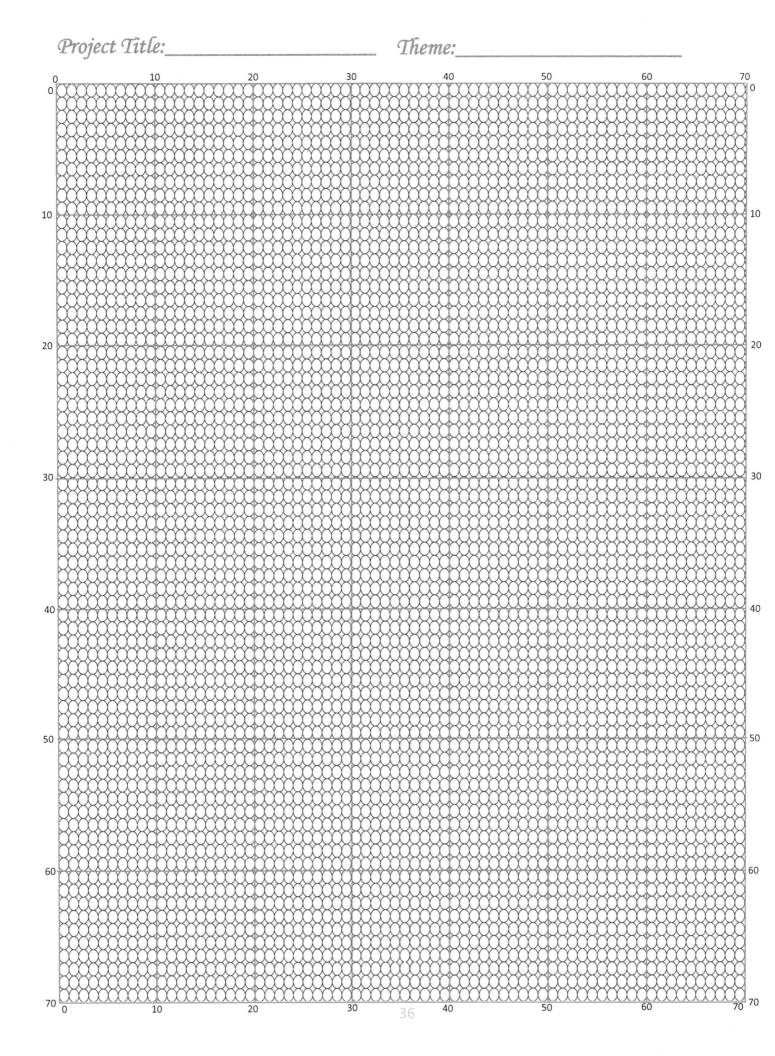

Materials List

Project Title:_____

Start Date:_____ Finish Date: _____

Seed Beads:

Weight:_____ Size: _____ Bead Type: _____
Weight:_____ Size: _____ Bead Type: _____
Weight:_____ Size: _____ Bead Type: _____
Weight:_____ Size: _____ Bead Type: _____
Weight:_____ Size: _____ Bead Type: _____

Other Beads:

Weight:_____ Size: _____ Bead Type: _____
Weight:_____ Size: _____ Bead Type: _____
Weight:_____ Size: _____ Bead Type: _____

Thread:

Type:_____ Size: _____ Color: _____
Type:_____ Size: _____ Color: _____
Type:_____ Size: _____ Color: _____

Beading Needles:

Type:_____ Size: _____
Type:_____ Size: _____
Type:_____ Size: _____

Findings & Other Materials: (Jump Rings, Clasps, Suede, Leather & More)

_____
_____
_____
_____
_____

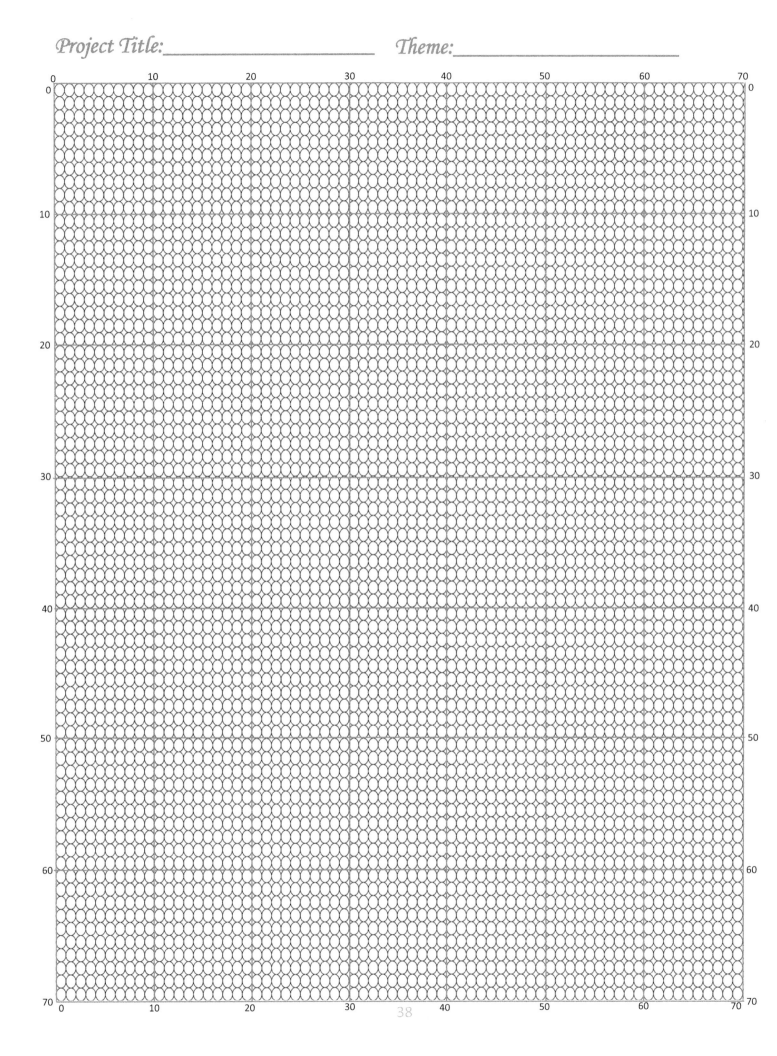

Materials List

Project Title:_____

Start Date:_____ Finish Date: _____

Seed Beads:

Weight:_____ Size: _____ Bead Type: _____
Weight:_____ Size: _____ Bead Type: _____
Weight:_____ Size: _____ Bead Type: _____
Weight:_____ Size: _____ Bead Type: _____
Weight:_____ Size: _____ Bead Type: _____

Other Beads:

Weight:_____ Size: _____ Bead Type: _____
Weight:_____ Size: _____ Bead Type: _____
Weight:_____ Size: _____ Bead Type: _____

Thread:

Type:_____ Size: _____ Color: _____
Type:_____ Size: _____ Color: _____
Type:_____ Size: _____ Color: _____

Beading Needles:

Type:_____ Size: _____
Type:_____ Size: _____
Type:_____ Size: _____

Findings & Other Materials: (Jump Rings, Clasps, Suede, Leather & More)

_____
_____
_____
_____
_____

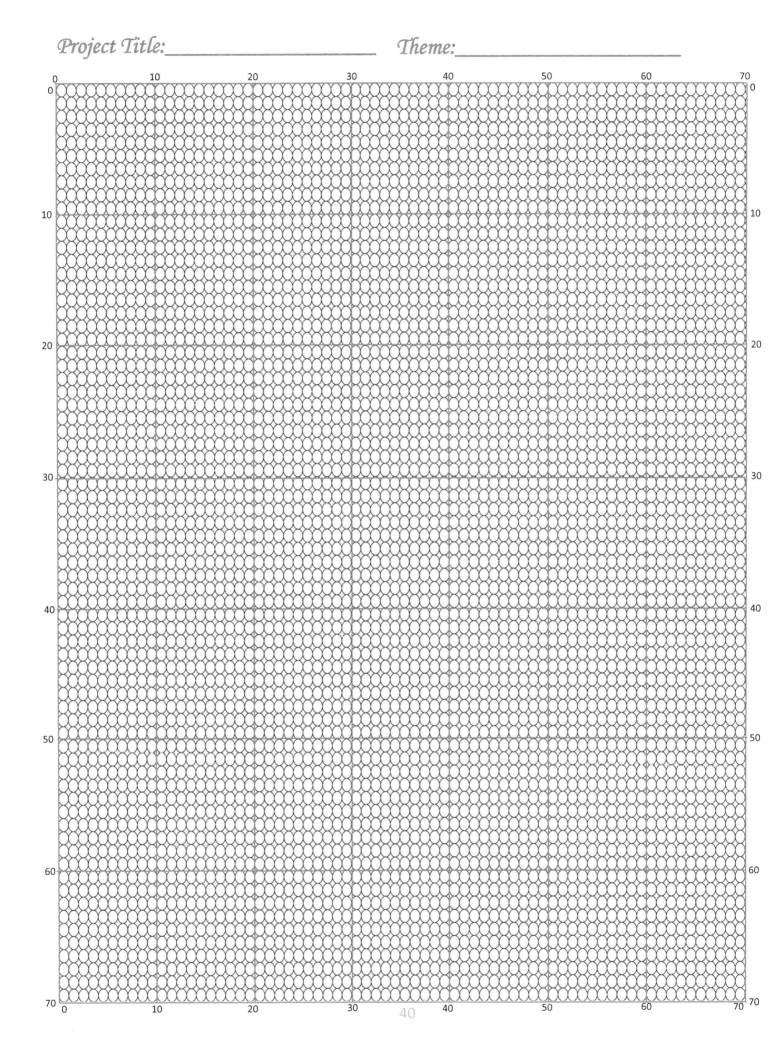

Materials List

Project Title:_____

Start Date:_____ Finish Date: _____

Seed Beads:

Weight:_____ Size: _____ Bead Type: _____
Weight:_____ Size: _____ Bead Type: _____
Weight:_____ Size: _____ Bead Type: _____
Weight:_____ Size: _____ Bead Type: _____
Weight:_____ Size: _____ Bead Type: _____

Other Beads:

Weight:_____ Size: _____ Bead Type: _____
Weight:_____ Size: _____ Bead Type: _____
Weight:_____ Size: _____ Bead Type: _____

Thread:

Type:_____ Size: _____ Color: _____
Type:_____ Size: _____ Color: _____
Type:_____ Size: _____ Color: _____

Beading Needles:

Type:_____ Size: _____
Type:_____ Size: _____
Type:_____ Size: _____

Findings & Other Materials: (Jump Rings, Clasps, Suede, Leather & More)

_____
_____
_____
_____
_____

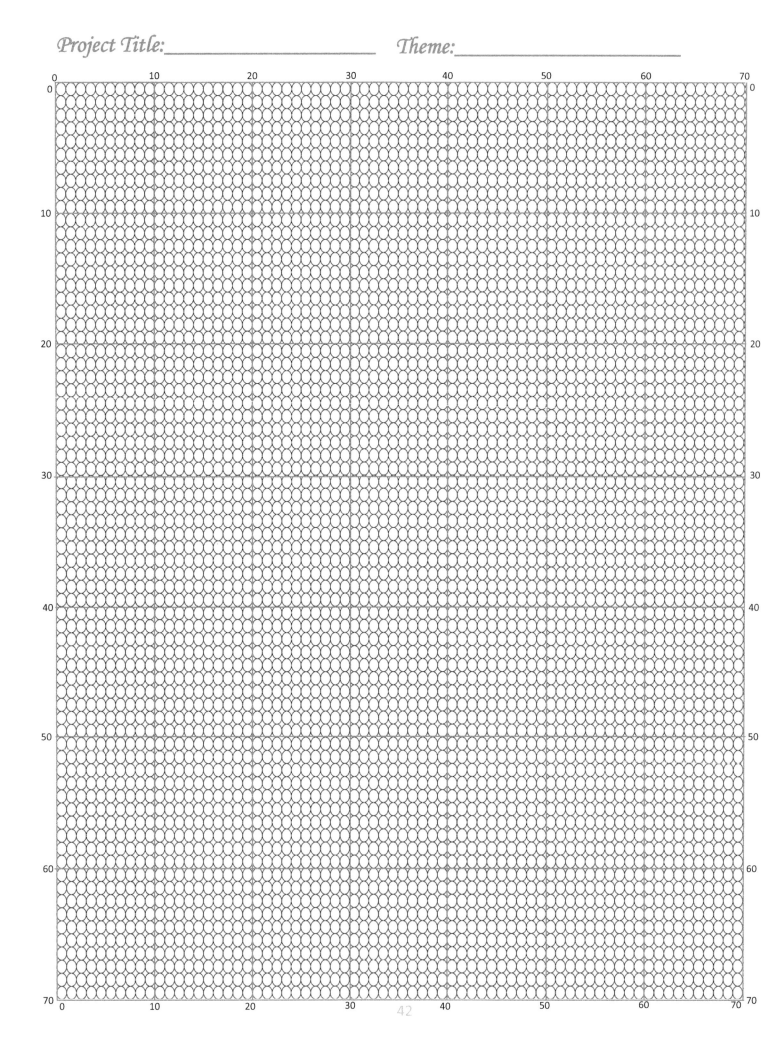

Materials List

Project Title:_____

Start Date:_____ Finish Date: _____

Seed Beads:

Weight:_____ Size: _____ Bead Type: _____
Weight:_____ Size: _____ Bead Type: _____
Weight:_____ Size: _____ Bead Type: _____
Weight:_____ Size: _____ Bead Type: _____
Weight:_____ Size: _____ Bead Type: _____

Other Beads:

Weight:_____ Size: _____ Bead Type: _____
Weight:_____ Size: _____ Bead Type: _____
Weight:_____ Size: _____ Bead Type: _____

Thread:

Type:_____ Size: _____ Color: _____
Type:_____ Size: _____ Color: _____
Type:_____ Size: _____ Color: _____

Beading Needles:

Type:_____ Size: _____
Type:_____ Size: _____
Type:_____ Size: _____

Findings & Other Materials: (Jump Rings, Clasps, Suede, Leather & More)

_____
_____
_____
_____
_____

Project Title:_____ Theme:_____

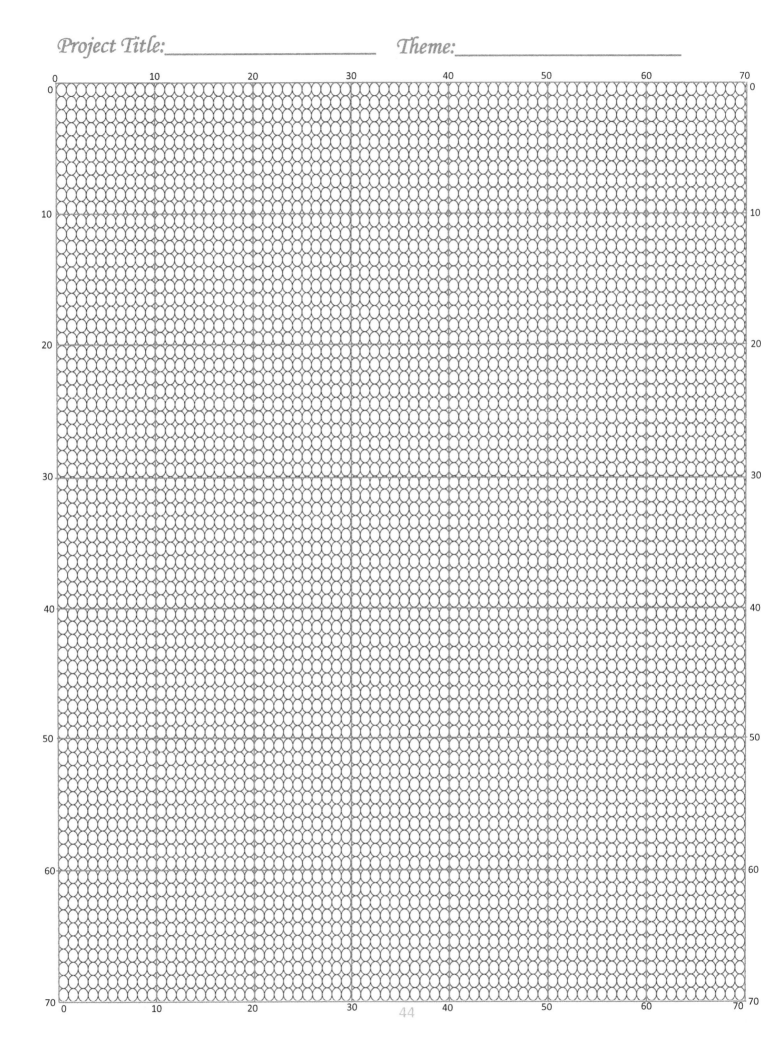

Materials List

Project Title:_____

Start Date:_____ Finish Date: _____

Seed Beads:

Weight:_____ Size: _____ Bead Type: _____
Weight:_____ Size: _____ Bead Type: _____
Weight:_____ Size: _____ Bead Type: _____
Weight:_____ Size: _____ Bead Type: _____
Weight:_____ Size: _____ Bead Type: _____

Other Beads:

Weight:_____ Size: _____ Bead Type: _____
Weight:_____ Size: _____ Bead Type: _____
Weight:_____ Size: _____ Bead Type: _____

Thread:

Type:_____ Size: _____ Color: _____
Type:_____ Size: _____ Color: _____
Type:_____ Size: _____ Color: _____

Beading Needles:

Type:_____ Size: _____
Type:_____ Size: _____
Type:_____ Size: _____

Findings & Other Materials: (Jump Rings, Clasps, Suede, Leather & More)

_____
_____
_____
_____
_____

Project Title:_____ Theme:_____

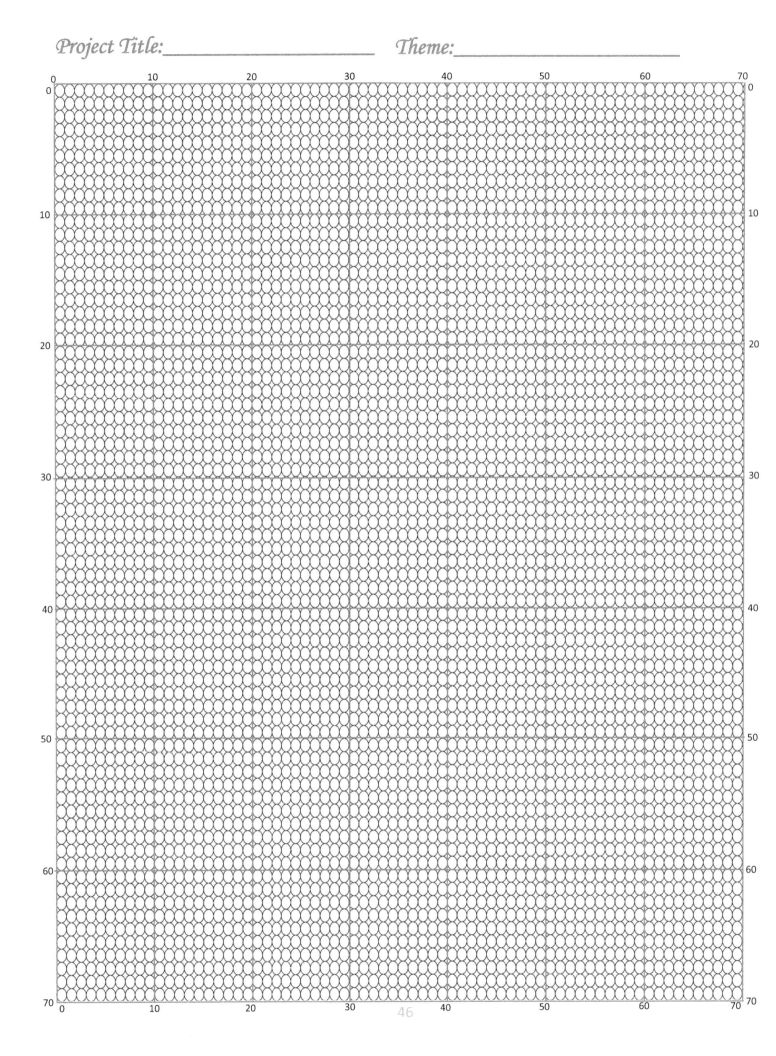

46

Materials List

Project Title:_____

Start Date:_____ Finish Date: _____

Seed Beads:

Weight:_____ Size: _____ Bead Type: _____
Weight:_____ Size: _____ Bead Type: _____
Weight:_____ Size: _____ Bead Type: _____
Weight:_____ Size: _____ Bead Type: _____
Weight:_____ Size: _____ Bead Type: _____

Other Beads:

Weight:_____ Size: _____ Bead Type: _____
Weight:_____ Size: _____ Bead Type: _____
Weight:_____ Size: _____ Bead Type: _____

Thread:

Type:_____ Size: _____ Color: _____
Type:_____ Size: _____ Color: _____
Type:_____ Size: _____ Color: _____

Beading Needles:

Type:_____ Size: _____
Type:_____ Size: _____
Type:_____ Size: _____

Findings & Other Materials: (Jump Rings, Clasps, Suede, Leather & More)

_____
_____
_____
_____
_____

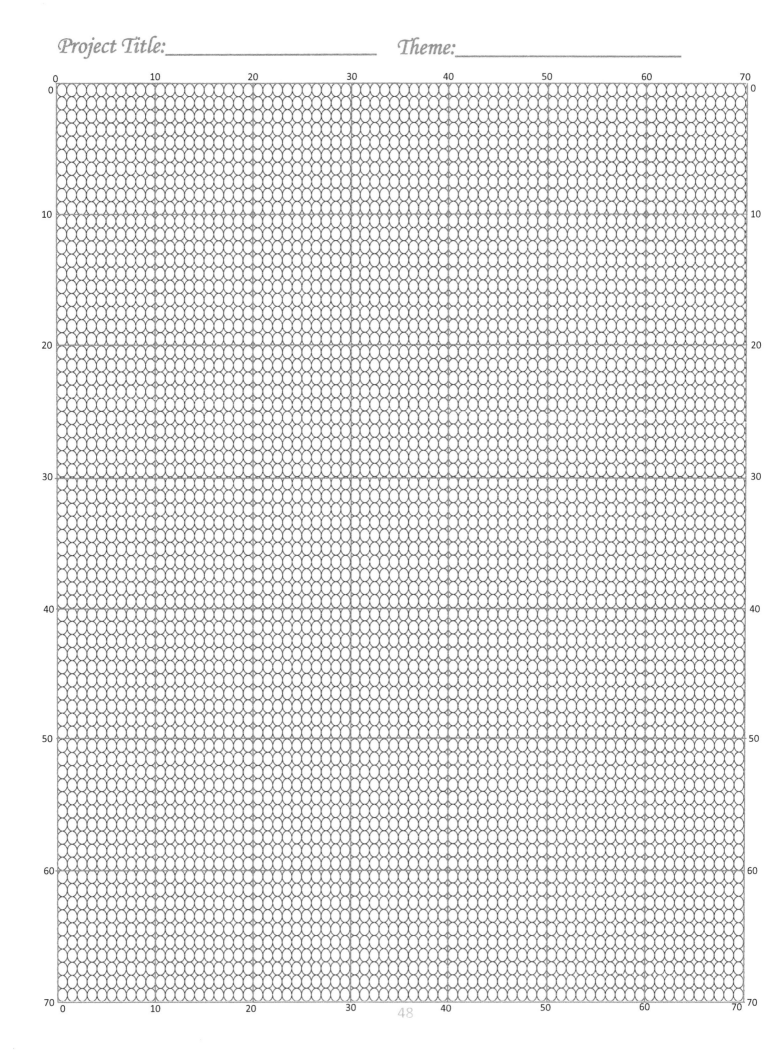

Materials List

Project Title:_____

Start Date:_____ Finish Date: _____

Seed Beads:

Weight:_____ Size: _____ Bead Type: _____
Weight:_____ Size: _____ Bead Type: _____
Weight:_____ Size: _____ Bead Type: _____
Weight:_____ Size: _____ Bead Type: _____
Weight:_____ Size: _____ Bead Type: _____

Other Beads:

Weight:_____ Size: _____ Bead Type: _____
Weight:_____ Size: _____ Bead Type: _____
Weight:_____ Size: _____ Bead Type: _____

Thread:

Type:_____ Size: _____ Color: _____
Type:_____ Size: _____ Color: _____
Type:_____ Size: _____ Color: _____

Beading Needles:

Type:_____ Size: _____
Type:_____ Size: _____
Type:_____ Size: _____

Findings & Other Materials: (Jump Rings, Clasps, Suede, Leather & More)

_____
_____
_____
_____
_____

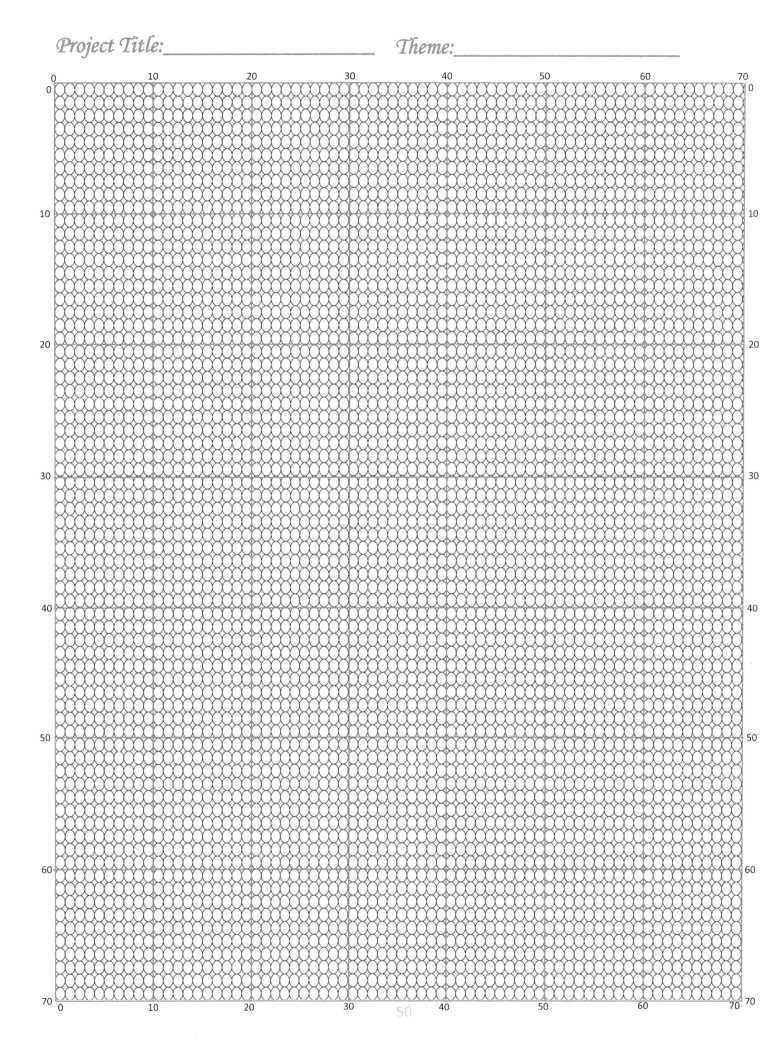

Materials List

Project Title:_____

Start Date:_____ Finish Date: _____

Seed Beads:

Weight:_____ Size: _____ Bead Type: _____
Weight:_____ Size: _____ Bead Type: _____
Weight:_____ Size: _____ Bead Type: _____
Weight:_____ Size: _____ Bead Type: _____
Weight:_____ Size: _____ Bead Type: _____

Other Beads:

Weight:_____ Size: _____ Bead Type: _____
Weight:_____ Size: _____ Bead Type: _____
Weight:_____ Size: _____ Bead Type: _____

Thread:

Type:_____ Size: _____ Color: _____
Type:_____ Size: _____ Color: _____
Type:_____ Size: _____ Color: _____

Beading Needles:

Type:_____ Size: _____
Type:_____ Size: _____
Type:_____ Size: _____

Findings & Other Materials: (Jump Rings, Clasps, Suede, Leather & More)

_____
_____
_____
_____
_____

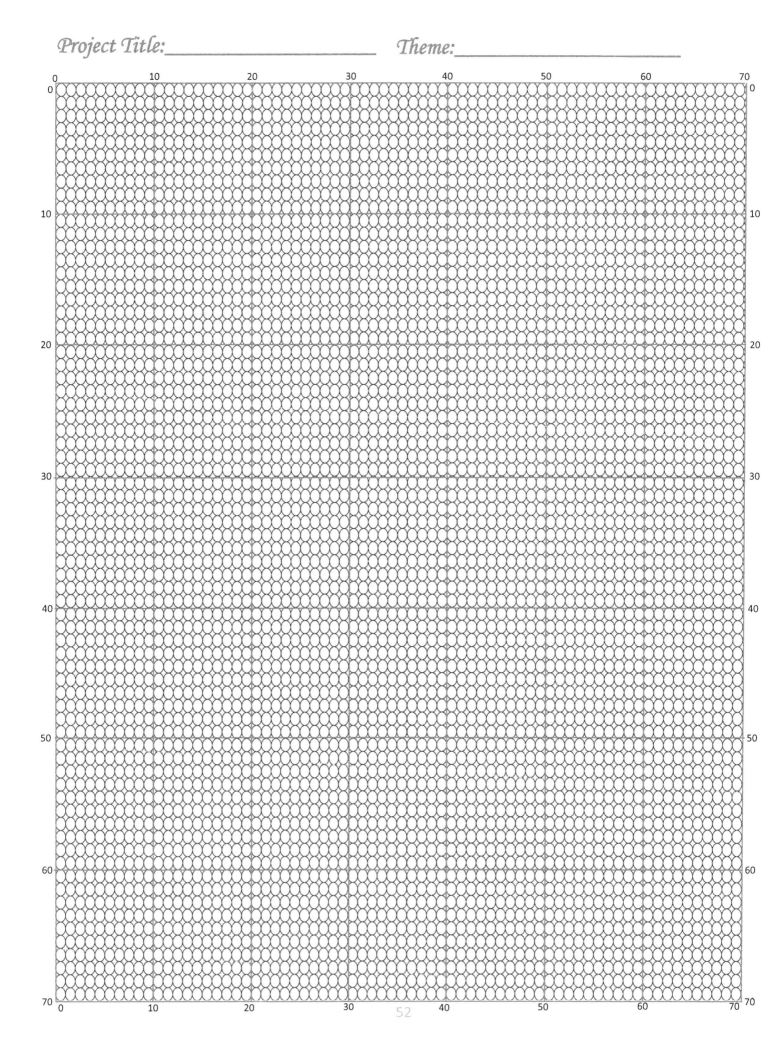

Materials List

Project Title:_____

Start Date:_____ Finish Date: _____

Seed Beads:

Weight:_____ Size: _____ Bead Type: _____
Weight:_____ Size: _____ Bead Type: _____
Weight:_____ Size: _____ Bead Type: _____
Weight:_____ Size: _____ Bead Type: _____
Weight:_____ Size: _____ Bead Type: _____

Other Beads:

Weight:_____ Size: _____ Bead Type: _____
Weight:_____ Size: _____ Bead Type: _____
Weight:_____ Size: _____ Bead Type: _____

Thread:

Type:_____ Size: _____ Color: _____
Type:_____ Size: _____ Color: _____
Type:_____ Size: _____ Color: _____

Beading Needles:

Type:_____ Size: _____
Type:_____ Size: _____
Type:_____ Size: _____

Findings & Other Materials: (Jump Rings, Clasps, Suede, Leather & More)

_____
_____
_____
_____
_____

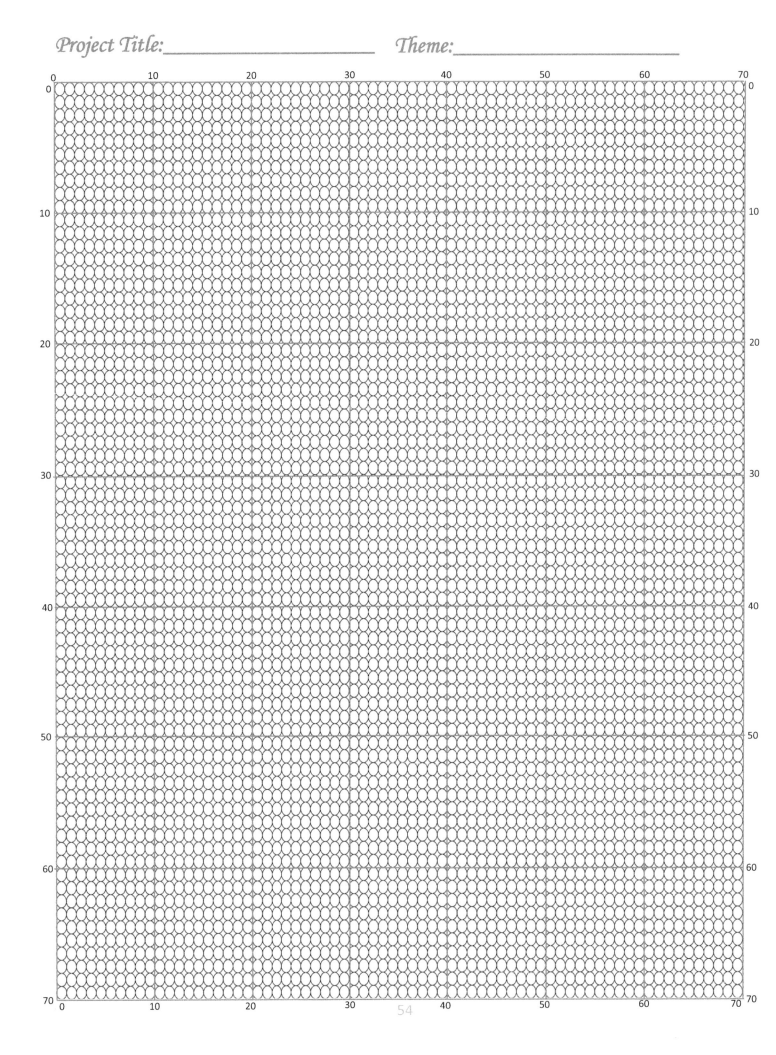

Materials List

Project Title:_____

Start Date:_____ Finish Date: _____

Seed Beads:

Weight:_____ Size: _____ Bead Type: _____
Weight:_____ Size: _____ Bead Type: _____
Weight:_____ Size: _____ Bead Type: _____
Weight:_____ Size: _____ Bead Type: _____
Weight:_____ Size: _____ Bead Type: _____

Other Beads:

Weight:_____ Size: _____ Bead Type: _____
Weight:_____ Size: _____ Bead Type: _____
Weight:_____ Size: _____ Bead Type: _____

Thread:

Type:_____ Size: _____ Color: _____
Type:_____ Size: _____ Color: _____
Type:_____ Size: _____ Color: _____

Beading Needles:

Type:_____ Size: _____
Type:_____ Size: _____
Type:_____ Size: _____

Findings & Other Materials: (Jump Rings, Clasps, Suede, Leather & More)

_____
_____
_____
_____
_____

Project Title:_____ Theme:_____

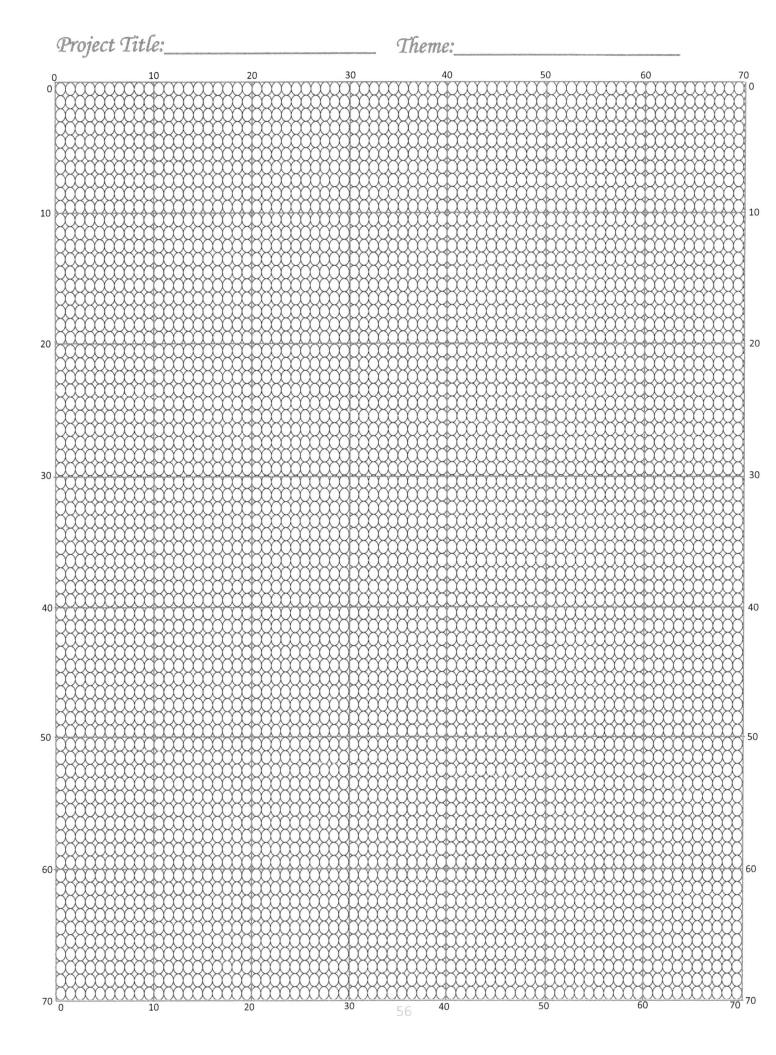

Materials List

Project Title:_____

Start Date:_____ Finish Date: _____

Seed Beads:

Weight:_____ Size: _____ Bead Type: _____
Weight:_____ Size: _____ Bead Type: _____
Weight:_____ Size: _____ Bead Type: _____
Weight:_____ Size: _____ Bead Type: _____
Weight:_____ Size: _____ Bead Type: _____

Other Beads:

Weight:_____ Size: _____ Bead Type: _____
Weight:_____ Size: _____ Bead Type: _____
Weight:_____ Size: _____ Bead Type: _____

Thread:

Type:_____ Size: _____ Color: _____
Type:_____ Size: _____ Color: _____
Type:_____ Size: _____ Color: _____

Beading Needles:

Type:_____ Size: _____
Type:_____ Size: _____
Type:_____ Size: _____

Findings & Other Materials: (Jump Rings, Clasps, Suede, Leather & More)

_____
_____
_____
_____
_____

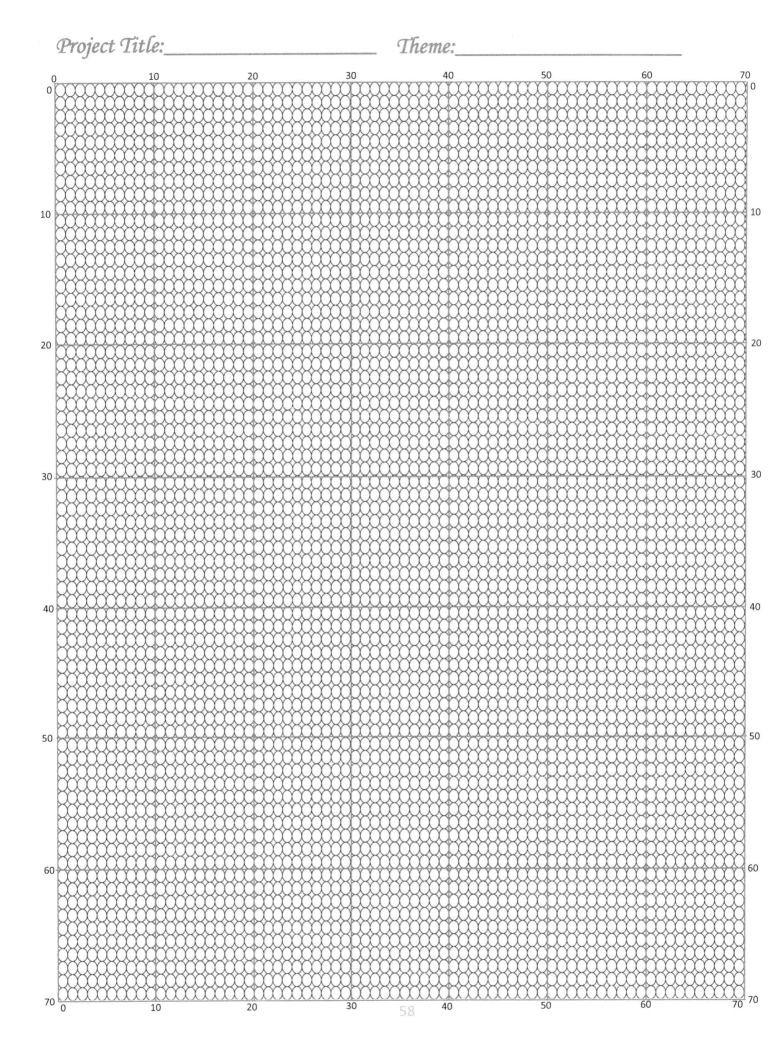

Materials List

Project Title:_____

Start Date:_____ Finish Date: _____

Seed Beads:

Weight:_____ Size: _____ Bead Type: _____
Weight:_____ Size: _____ Bead Type: _____
Weight:_____ Size: _____ Bead Type: _____
Weight:_____ Size: _____ Bead Type: _____
Weight:_____ Size: _____ Bead Type: _____

Other Beads:

Weight:_____ Size: _____ Bead Type: _____
Weight:_____ Size: _____ Bead Type: _____
Weight:_____ Size: _____ Bead Type: _____

Thread:

Type:_____ Size: _____ Color: _____
Type:_____ Size: _____ Color: _____
Type:_____ Size: _____ Color: _____

Beading Needles:

Type:_____ Size: _____
Type:_____ Size: _____
Type:_____ Size: _____

Findings & Other Materials: (Jump Rings, Clasps, Suede, Leather & More)

_____
_____
_____
_____
_____

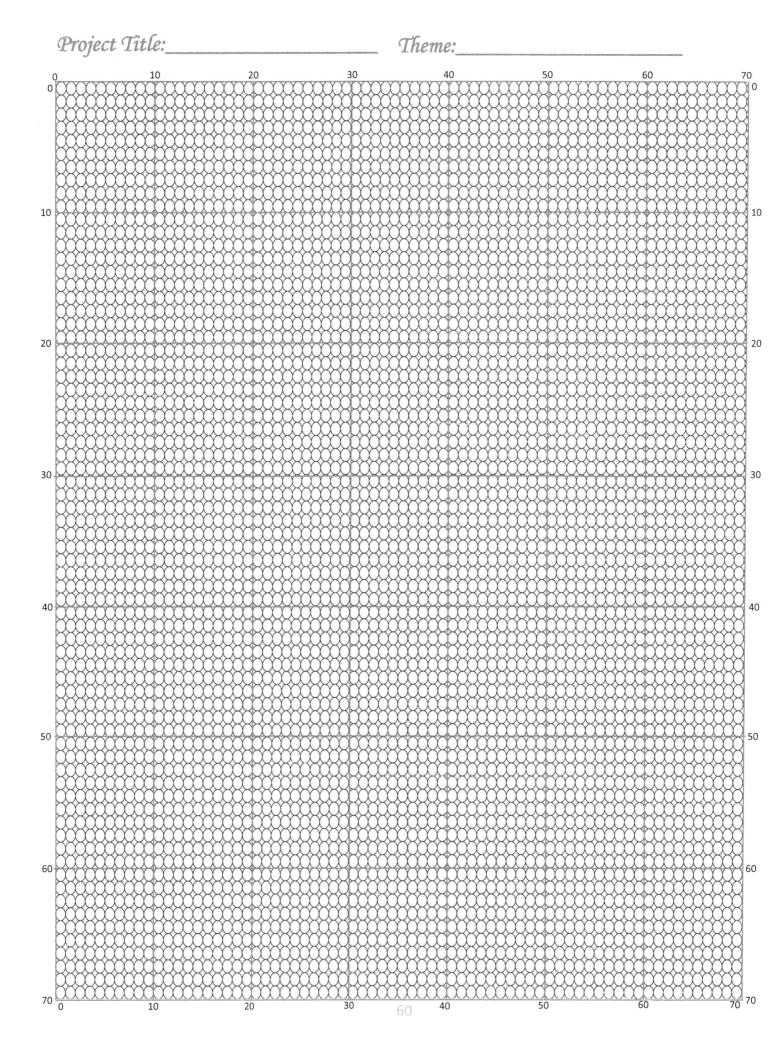

Project Title:_____ Theme:_____

Materials List

Project Title:_____

Start Date:_____ Finish Date: _____

Seed Beads:

Weight:_____ Size: _____ Bead Type: _____
Weight:_____ Size: _____ Bead Type: _____
Weight:_____ Size: _____ Bead Type: _____
Weight:_____ Size: _____ Bead Type: _____
Weight:_____ Size: _____ Bead Type: _____

Other Beads:

Weight:_____ Size: _____ Bead Type: _____
Weight:_____ Size: _____ Bead Type: _____
Weight:_____ Size: _____ Bead Type: _____

Thread:

Type:_____ Size: _____ Color: _____
Type:_____ Size: _____ Color: _____
Type:_____ Size: _____ Color: _____

Beading Needles:

Type:_____ Size: _____
Type:_____ Size: _____
Type:_____ Size: _____

Findings & Other Materials: (Jump Rings, Clasps, Suede, Leather & More)

_____
_____
_____
_____
_____

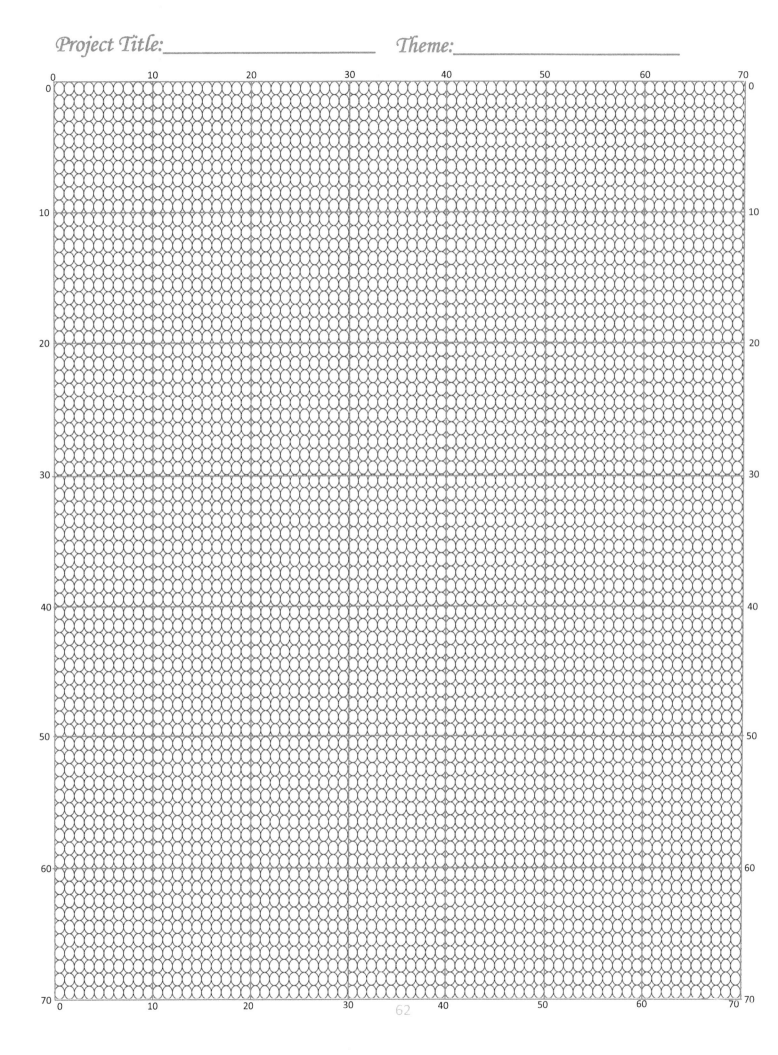

Materials List

Project Title:_____

Start Date:_____ Finish Date: _____

Seed Beads:

Weight:_____ Size: _____ Bead Type: _____
Weight:_____ Size: _____ Bead Type: _____
Weight:_____ Size: _____ Bead Type: _____
Weight:_____ Size: _____ Bead Type: _____
Weight:_____ Size: _____ Bead Type: _____

Other Beads:

Weight:_____ Size: _____ Bead Type: _____
Weight:_____ Size: _____ Bead Type: _____
Weight:_____ Size: _____ Bead Type: _____

Thread:

Type:_____ Size: _____ Color: _____
Type:_____ Size: _____ Color: _____
Type:_____ Size: _____ Color: _____

Beading Needles:

Type:_____ Size: _____
Type:_____ Size: _____
Type:_____ Size: _____

Findings & Other Materials: (Jump Rings, Clasps, Suede, Leather & More)

_____
_____
_____
_____
_____

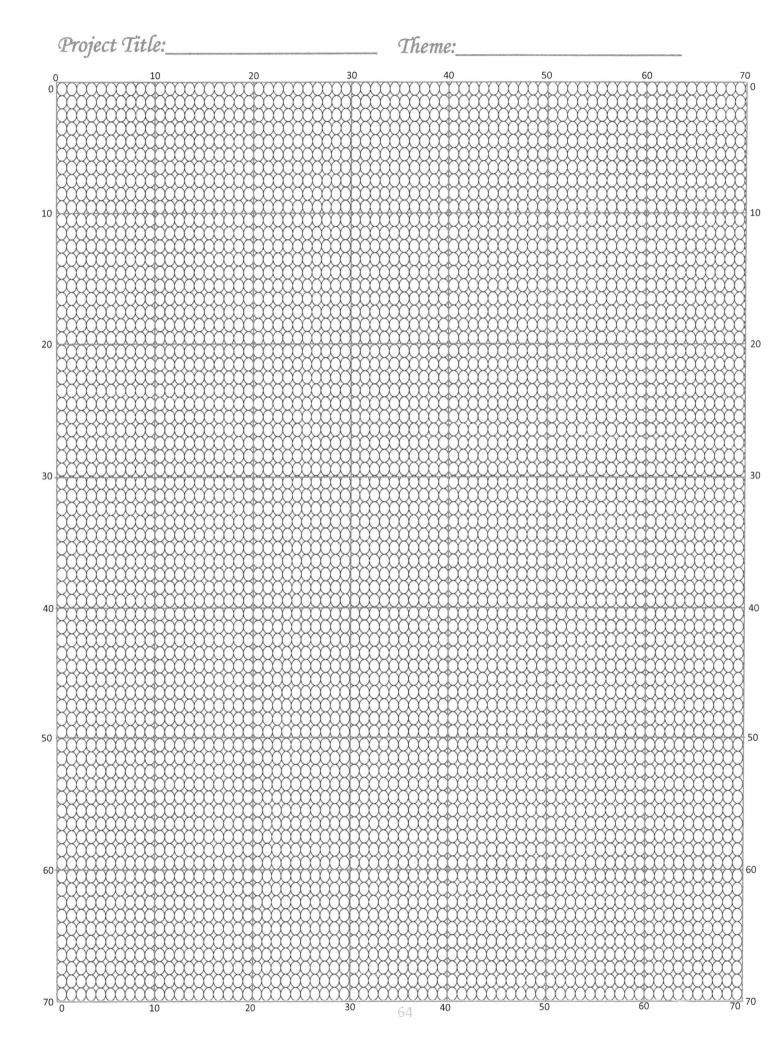

Materials List

Project Title:_____

Start Date:_____ Finish Date: _____

Seed Beads:

Weight:_____ Size: _____ Bead Type: _____
Weight:_____ Size: _____ Bead Type: _____
Weight:_____ Size: _____ Bead Type: _____
Weight:_____ Size: _____ Bead Type: _____
Weight:_____ Size: _____ Bead Type: _____

Other Beads:

Weight:_____ Size: _____ Bead Type: _____
Weight:_____ Size: _____ Bead Type: _____
Weight:_____ Size: _____ Bead Type: _____

Thread:

Type:_____ Size: _____ Color: _____
Type:_____ Size: _____ Color: _____
Type:_____ Size: _____ Color: _____

Beading Needles:

Type:_____ Size: _____
Type:_____ Size: _____
Type:_____ Size: _____

Findings & Other Materials: (Jump Rings, Clasps, Suede, Leather & More)

_____
_____
_____
_____
_____

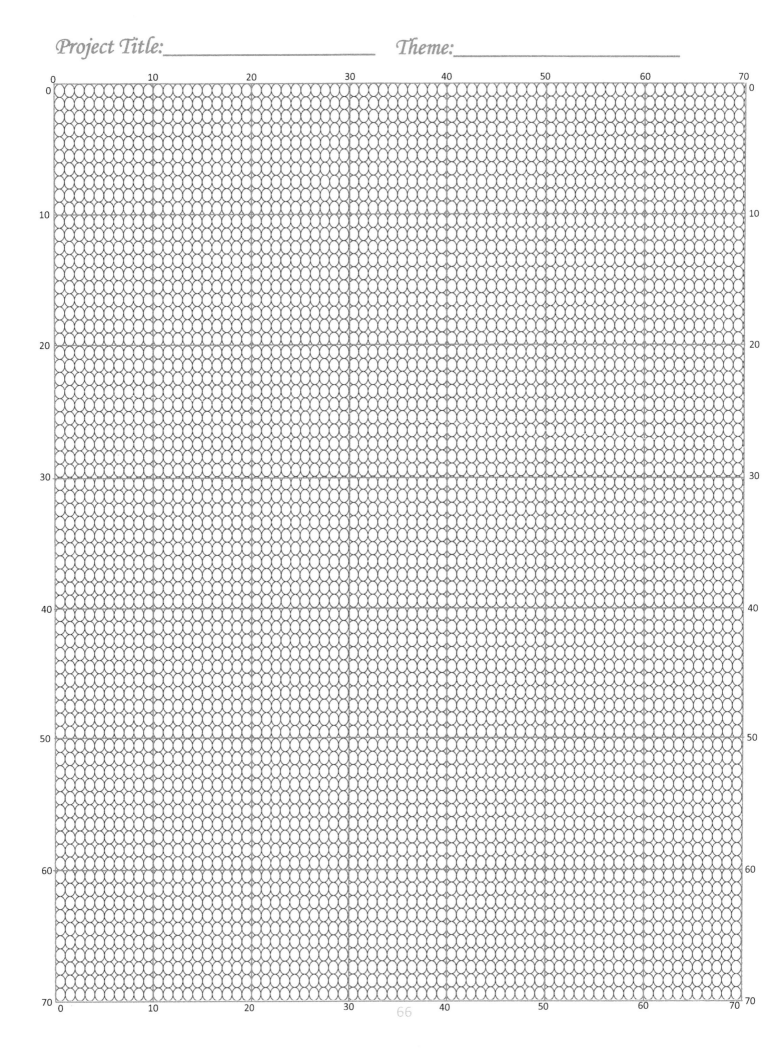

Materials List

Project Title:_____

Start Date:_____ Finish Date: _____

Seed Beads:

Weight:_____ Size: _____ Bead Type: _____
Weight:_____ Size: _____ Bead Type: _____
Weight:_____ Size: _____ Bead Type: _____
Weight:_____ Size: _____ Bead Type: _____
Weight:_____ Size: _____ Bead Type: _____

Other Beads:

Weight:_____ Size: _____ Bead Type: _____
Weight:_____ Size: _____ Bead Type: _____
Weight:_____ Size: _____ Bead Type: _____

Thread:

Type:_____ Size: _____ Color: _____
Type:_____ Size: _____ Color: _____
Type:_____ Size: _____ Color: _____

Beading Needles:

Type:_____ Size: _____
Type:_____ Size: _____
Type:_____ Size: _____

Findings & Other Materials: (Jump Rings, Clasps, Suede, Leather & More)

_____
_____
_____
_____
_____

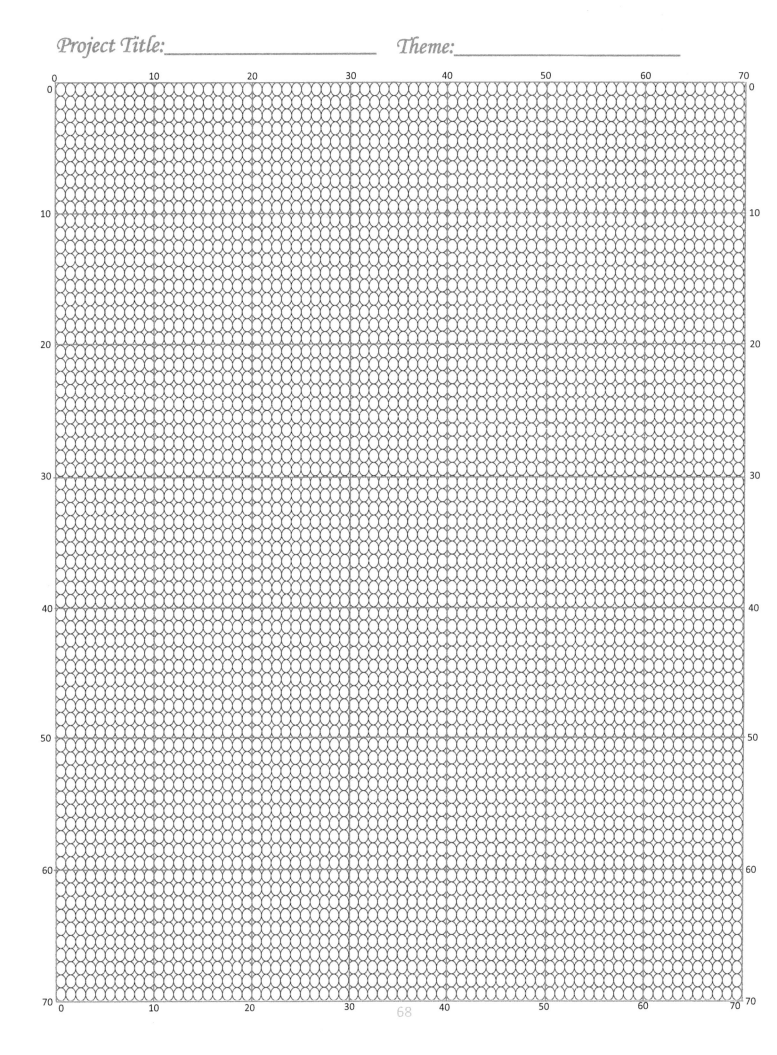

Materials List

Project Title:_____

Start Date:_____ Finish Date: _____

Seed Beads:

Weight:_____ Size: _____ Bead Type: _____
Weight:_____ Size: _____ Bead Type: _____
Weight:_____ Size: _____ Bead Type: _____
Weight:_____ Size: _____ Bead Type: _____
Weight:_____ Size: _____ Bead Type: _____

Other Beads:

Weight:_____ Size: _____ Bead Type: _____
Weight:_____ Size: _____ Bead Type: _____
Weight:_____ Size: _____ Bead Type: _____

Thread:

Type:_____ Size: _____ Color: _____
Type:_____ Size: _____ Color: _____
Type:_____ Size: _____ Color: _____

Beading Needles:

Type:_____ Size: _____
Type:_____ Size: _____
Type:_____ Size: _____

Findings & Other Materials: (Jump Rings, Clasps, Suede, Leather & More)

_____
_____
_____
_____
_____

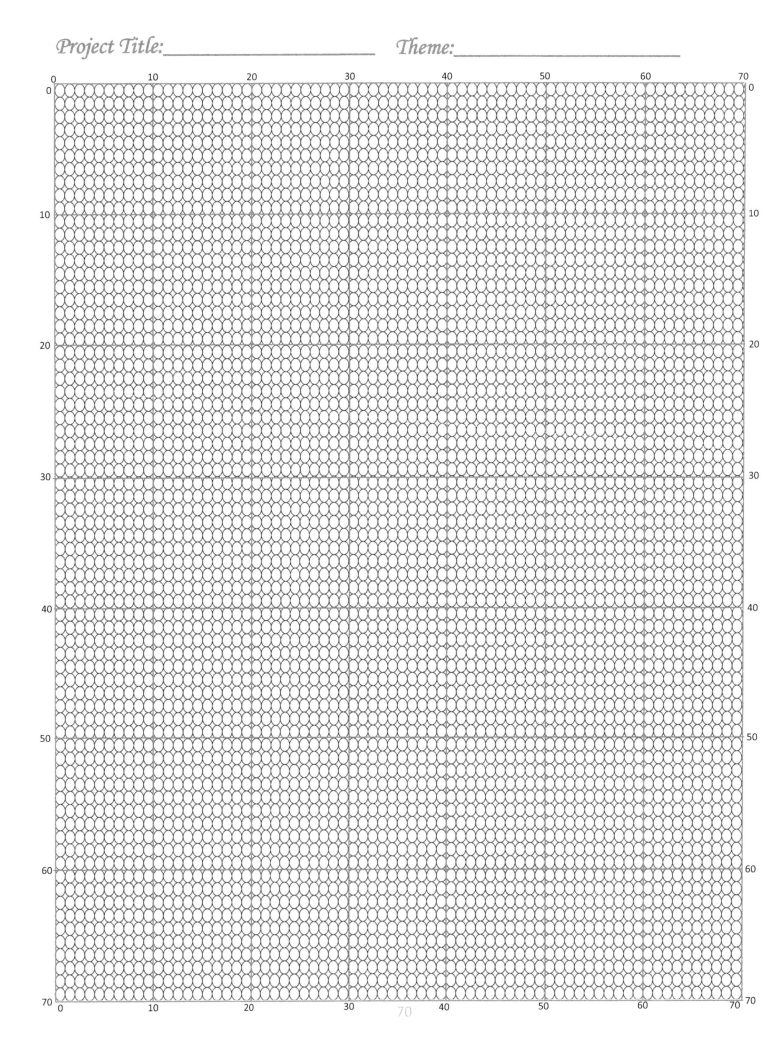

Project Title:_____ Theme:_____

Materials List

Project Title:_____

Start Date:_____ Finish Date: _____

Seed Beads:

Weight:_____ Size: _____ Bead Type: _____
Weight:_____ Size: _____ Bead Type: _____
Weight:_____ Size: _____ Bead Type: _____
Weight:_____ Size: _____ Bead Type: _____
Weight:_____ Size: _____ Bead Type: _____

Other Beads:

Weight:_____ Size: _____ Bead Type: _____
Weight:_____ Size: _____ Bead Type: _____
Weight:_____ Size: _____ Bead Type: _____

Thread:

Type:_____ Size: _____ Color: _____
Type:_____ Size: _____ Color: _____
Type:_____ Size: _____ Color: _____

Beading Needles:

Type:_____ Size: _____
Type:_____ Size: _____
Type:_____ Size: _____

Findings & Other Materials: (Jump Rings, Clasps, Suede, Leather & More)

_____
_____
_____
_____
_____

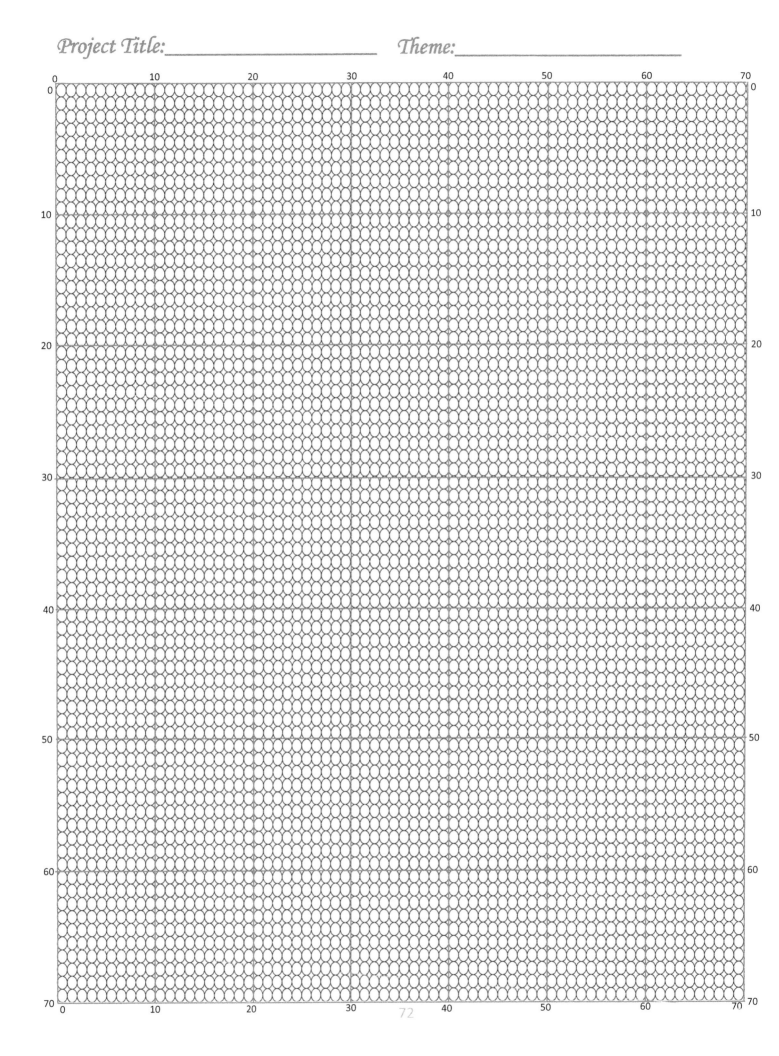

Materials List

Project Title:_____

Start Date:_____ Finish Date: _____

Seed Beads:

Weight:_____ Size: _____ Bead Type: _____
Weight:_____ Size: _____ Bead Type: _____
Weight:_____ Size: _____ Bead Type: _____
Weight:_____ Size: _____ Bead Type: _____
Weight:_____ Size: _____ Bead Type: _____

Other Beads:

Weight:_____ Size: _____ Bead Type: _____
Weight:_____ Size: _____ Bead Type: _____
Weight:_____ Size: _____ Bead Type: _____

Thread:

Type:_____ Size: _____ Color: _____
Type:_____ Size: _____ Color: _____
Type:_____ Size: _____ Color: _____

Beading Needles:

Type:_____ Size: _____
Type:_____ Size: _____
Type:_____ Size: _____

Findings & Other Materials: (Jump Rings, Clasps, Suede, Leather & More)

_____
_____
_____
_____
_____

Materials List

Project Title:_____

Start Date:_____ Finish Date: _____

Seed Beads:

Weight:_____ Size: _____ Bead Type: _____
Weight:_____ Size: _____ Bead Type: _____
Weight:_____ Size: _____ Bead Type: _____
Weight:_____ Size: _____ Bead Type: _____
Weight:_____ Size: _____ Bead Type: _____

Other Beads:

Weight:_____ Size: _____ Bead Type: _____
Weight:_____ Size: _____ Bead Type: _____
Weight:_____ Size: _____ Bead Type: _____

Thread:

Type:_____ Size: _____ Color: _____
Type:_____ Size: _____ Color: _____
Type:_____ Size: _____ Color: _____

Beading Needles:

Type:_____ Size: _____
Type:_____ Size: _____
Type:_____ Size: _____

Findings & Other Materials: (Jump Rings, Clasps, Suede, Leather & More)

_____
_____
_____
_____
_____

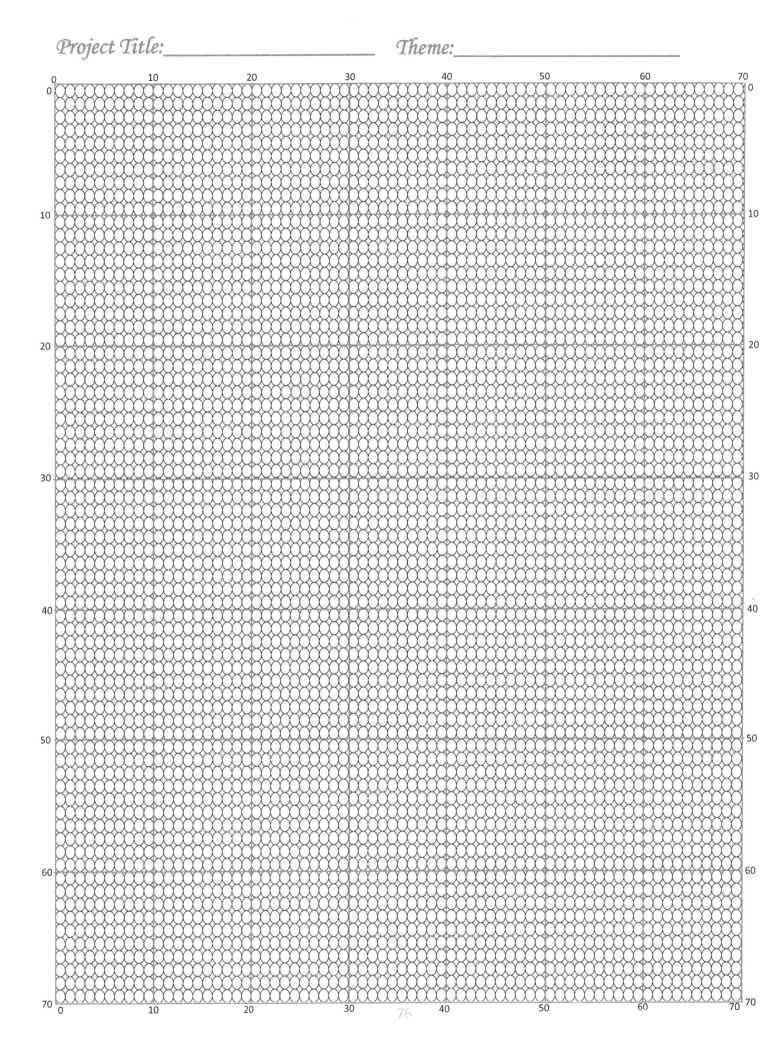

Materials List

Project Title:_____

Start Date:_____ Finish Date: _____

Seed Beads:

Weight:_____ Size: _____ Bead Type: _____
Weight:_____ Size: _____ Bead Type: _____
Weight:_____ Size: _____ Bead Type: _____
Weight:_____ Size: _____ Bead Type: _____
Weight:_____ Size: _____ Bead Type: _____

Other Beads:

Weight:_____ Size: _____ Bead Type: _____
Weight:_____ Size: _____ Bead Type: _____
Weight:_____ Size: _____ Bead Type: _____

Thread:

Type:_____ Size: _____ Color: _____
Type:_____ Size: _____ Color: _____
Type:_____ Size: _____ Color: _____

Beading Needles:

Type:_____ Size: _____
Type:_____ Size: _____
Type:_____ Size: _____

Findings & Other Materials: (Jump Rings, Clasps, Suede, Leather & More)

_____
_____
_____
_____
_____

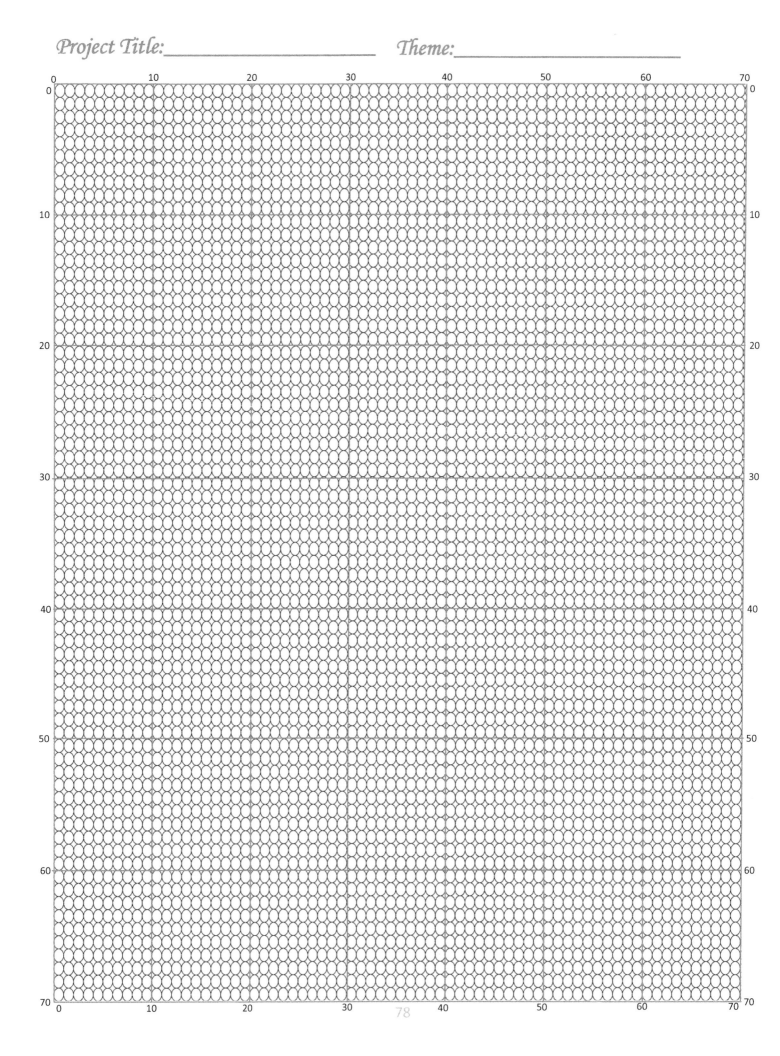

Materials List

Project Title:_____

Start Date:_____ Finish Date: _____

Seed Beads:

Weight:_____ Size: _____ Bead Type: _____
Weight:_____ Size: _____ Bead Type: _____
Weight:_____ Size: _____ Bead Type: _____
Weight:_____ Size: _____ Bead Type: _____
Weight:_____ Size: _____ Bead Type: _____

Other Beads:

Weight:_____ Size: _____ Bead Type: _____
Weight:_____ Size: _____ Bead Type: _____
Weight:_____ Size: _____ Bead Type: _____

Thread:

Type:_____ Size: _____ Color: _____
Type:_____ Size: _____ Color: _____
Type:_____ Size: _____ Color: _____

Beading Needles:

Type:_____ Size: _____
Type:_____ Size: _____
Type:_____ Size: _____

Findings & Other Materials: (Jump Rings, Clasps, Suede, Leather & More)

_____
_____
_____
_____
_____

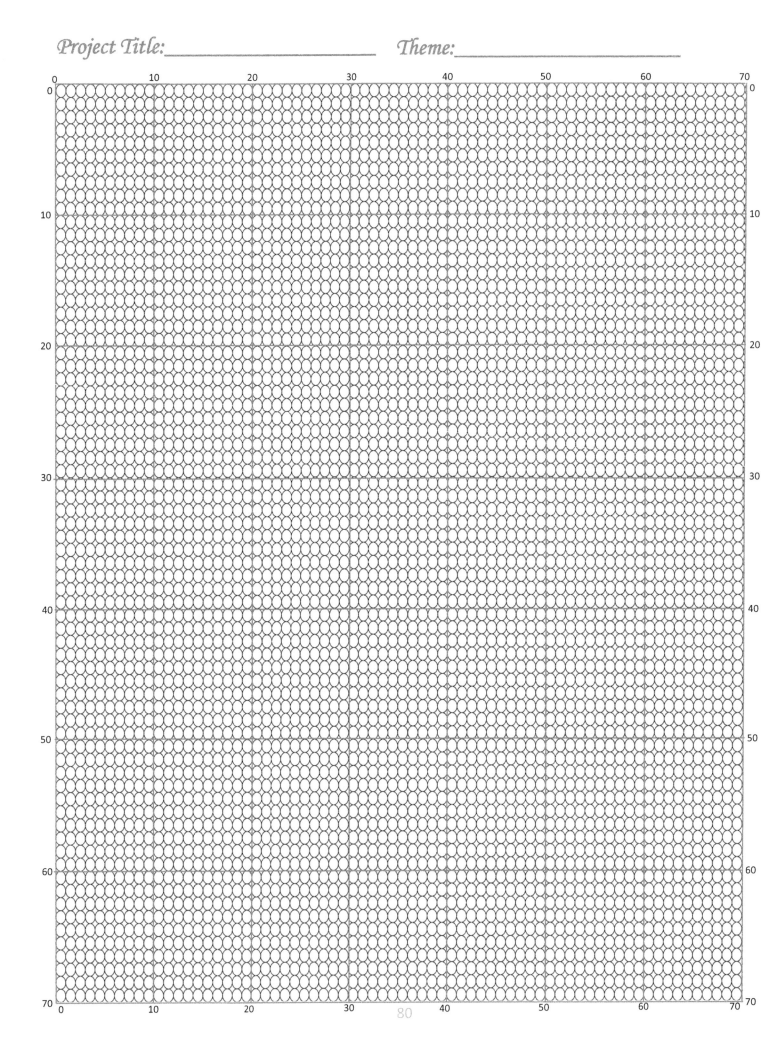

Materials List

Project Title:_____

Start Date:_____ Finish Date: _____

Seed Beads:

Weight:_____ Size: _____ Bead Type: _____
Weight:_____ Size: _____ Bead Type: _____
Weight:_____ Size: _____ Bead Type: _____
Weight:_____ Size: _____ Bead Type: _____
Weight:_____ Size: _____ Bead Type: _____

Other Beads:

Weight:_____ Size: _____ Bead Type: _____
Weight:_____ Size: _____ Bead Type: _____
Weight:_____ Size: _____ Bead Type: _____

Thread:

Type:_____ Size: _____ Color: _____
Type:_____ Size: _____ Color: _____
Type:_____ Size: _____ Color: _____

Beading Needles:

Type:_____ Size: _____
Type:_____ Size: _____
Type:_____ Size: _____

Findings & Other Materials: (Jump Rings, Clasps, Suede, Leather & More)

_____
_____
_____
_____
_____

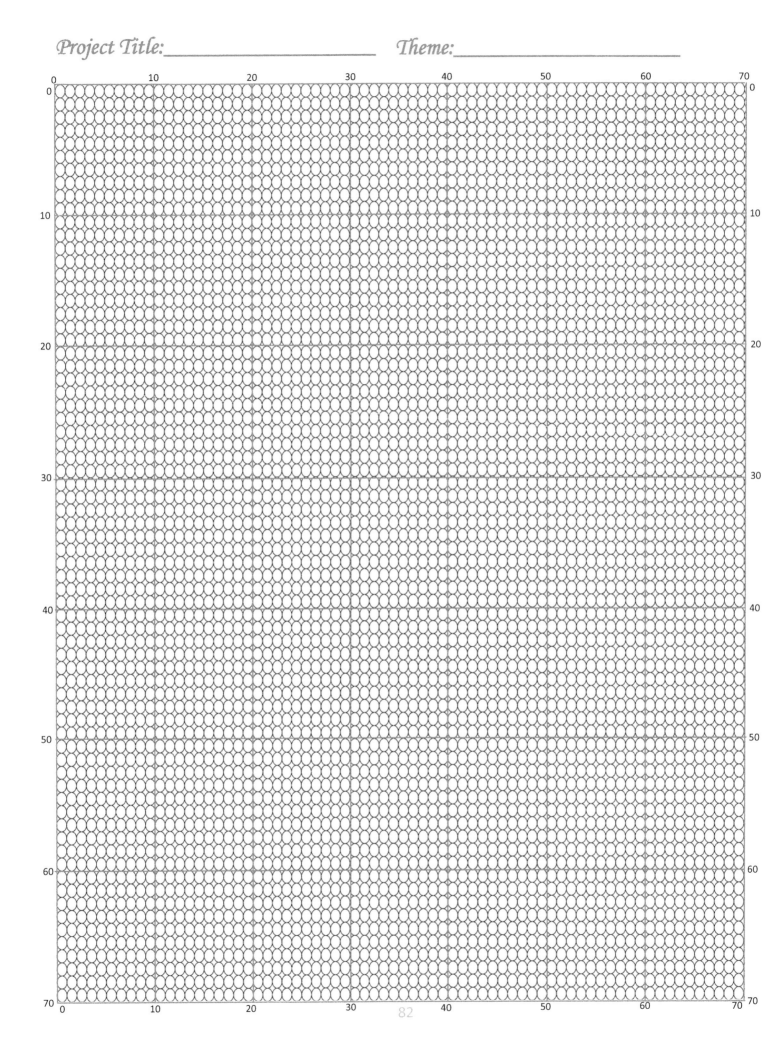

Materials List

Project Title:_____

Start Date:_____ Finish Date: _____

Seed Beads:

Weight:_____ Size: _____ Bead Type: _____
Weight:_____ Size: _____ Bead Type: _____
Weight:_____ Size: _____ Bead Type: _____
Weight:_____ Size: _____ Bead Type: _____
Weight:_____ Size: _____ Bead Type: _____

Other Beads:

Weight:_____ Size: _____ Bead Type: _____
Weight:_____ Size: _____ Bead Type: _____
Weight:_____ Size: _____ Bead Type: _____

Thread:

Type:_____ Size: _____ Color: _____
Type:_____ Size: _____ Color: _____
Type:_____ Size: _____ Color: _____

Beading Needles:

Type:_____ Size: _____
Type:_____ Size: _____
Type:_____ Size: _____

Findings & Other Materials: (Jump Rings, Clasps, Suede, Leather & More)

_____
_____
_____
_____
_____

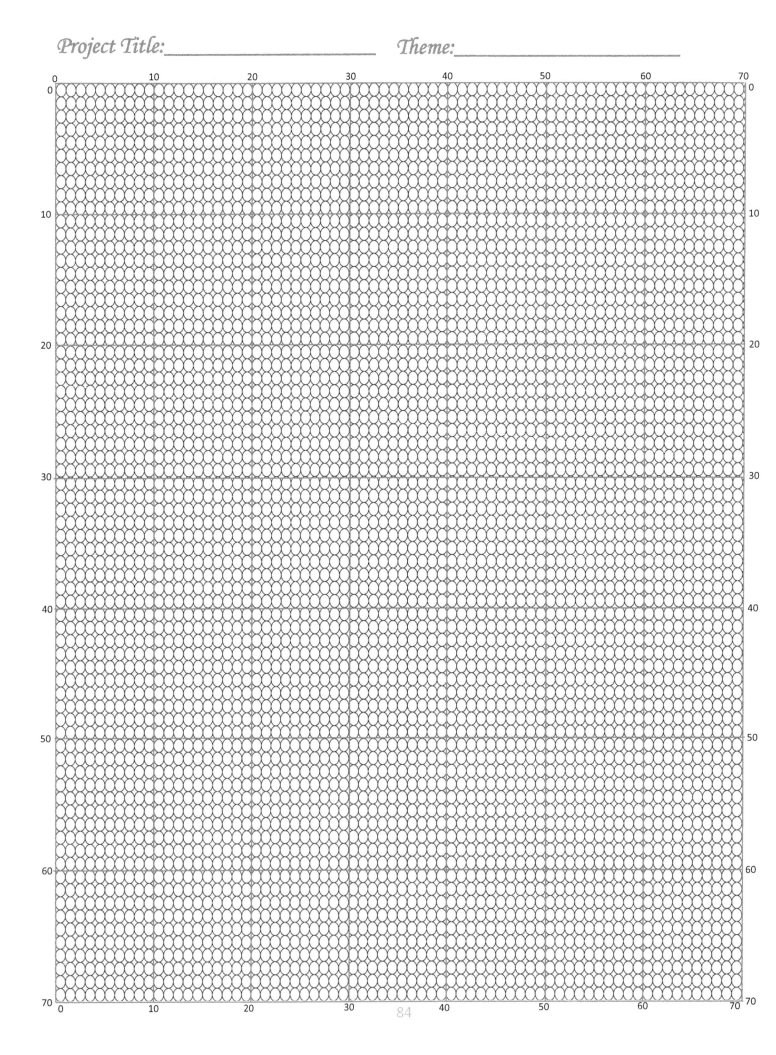

Materials List

Project Title:_____

Start Date:_____ Finish Date: _____

Seed Beads:

Weight:_____ Size: _____ Bead Type: _____
Weight:_____ Size: _____ Bead Type: _____
Weight:_____ Size: _____ Bead Type: _____
Weight:_____ Size: _____ Bead Type: _____
Weight:_____ Size: _____ Bead Type: _____

Other Beads:

Weight:_____ Size: _____ Bead Type: _____
Weight:_____ Size: _____ Bead Type: _____
Weight:_____ Size: _____ Bead Type: _____

Thread:

Type:_____ Size: _____ Color: _____
Type:_____ Size: _____ Color: _____
Type:_____ Size: _____ Color: _____

Beading Needles:

Type:_____ Size: _____
Type:_____ Size: _____
Type:_____ Size: _____

Findings & Other Materials: (Jump Rings, Clasps, Suede, Leather & More)

_____
_____
_____
_____
_____

Project Title:_____ Theme:_____

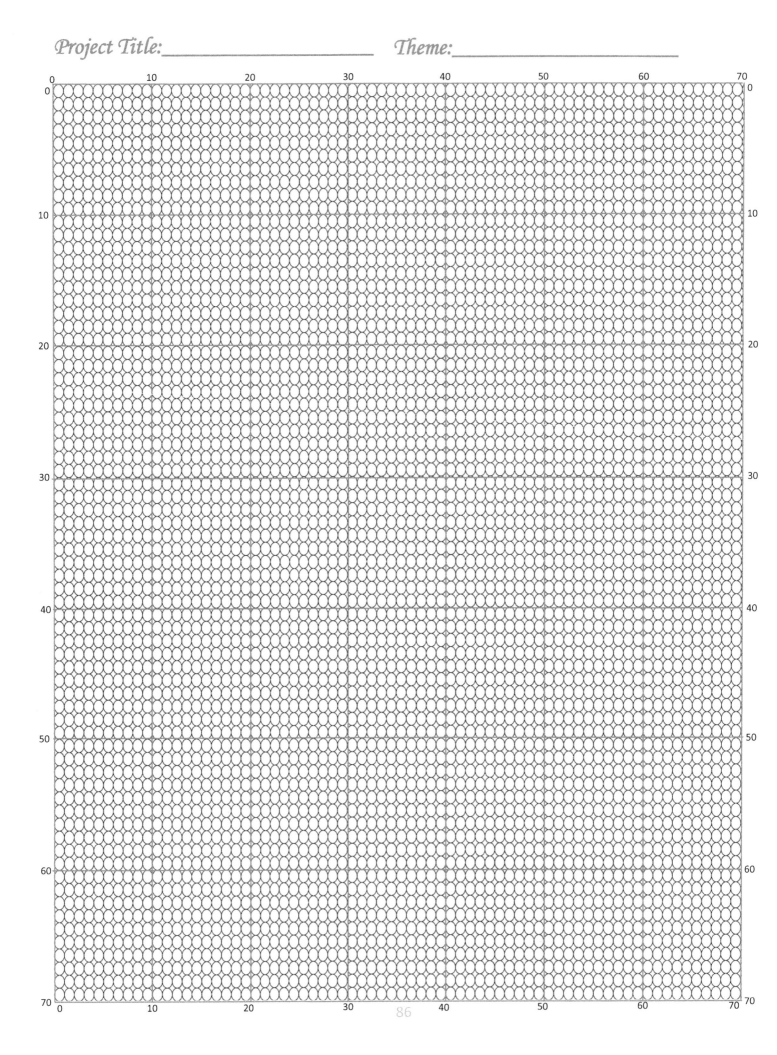

Materials List

Project Title:_____

Start Date:_____ Finish Date: _____

Seed Beads:

Weight:_____ Size: _____ Bead Type: _____
Weight:_____ Size: _____ Bead Type: _____
Weight:_____ Size: _____ Bead Type: _____
Weight:_____ Size: _____ Bead Type: _____
Weight:_____ Size: _____ Bead Type: _____

Other Beads:

Weight:_____ Size: _____ Bead Type: _____
Weight:_____ Size: _____ Bead Type: _____
Weight:_____ Size: _____ Bead Type: _____

Thread:

Type:_____ Size: _____ Color: _____
Type:_____ Size: _____ Color: _____
Type:_____ Size: _____ Color: _____

Beading Needles:

Type:_____ Size: _____
Type:_____ Size: _____
Type:_____ Size: _____

Findings & Other Materials: (Jump Rings, Clasps, Suede, Leather & More)

_____
_____
_____
_____
_____

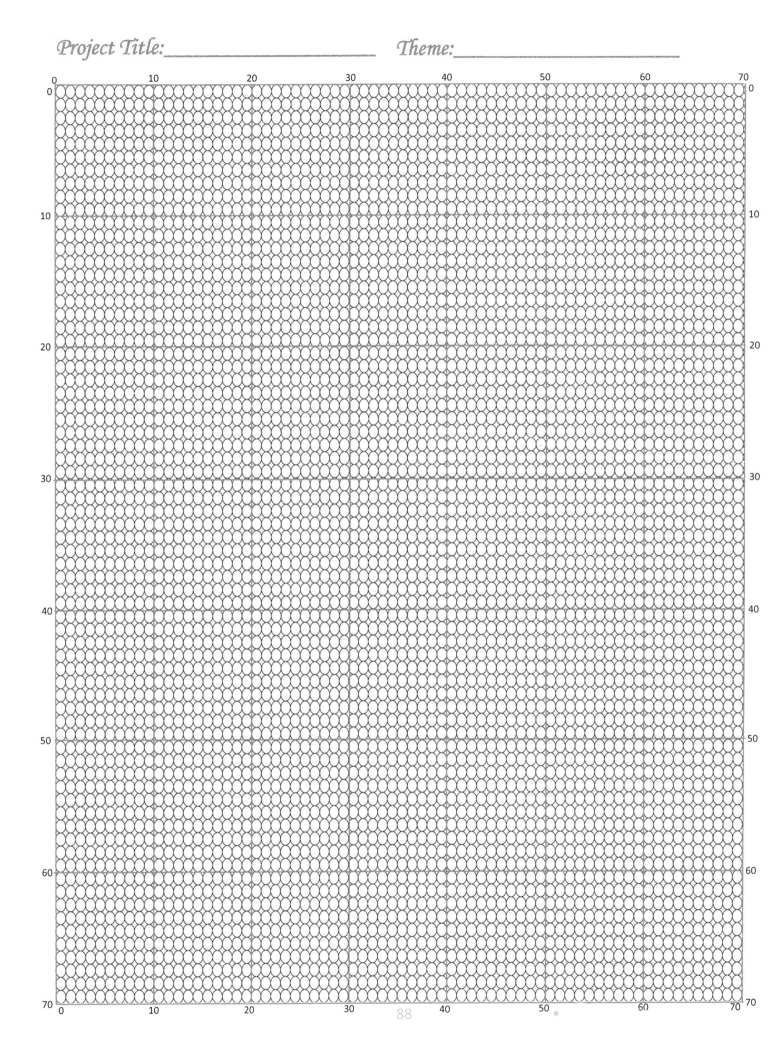

Materials List

Project Title:_____

Start Date:_____ Finish Date: _____

Seed Beads:

Weight:_____ Size: _____ Bead Type: _____
Weight:_____ Size: _____ Bead Type: _____
Weight:_____ Size: _____ Bead Type: _____
Weight:_____ Size: _____ Bead Type: _____
Weight:_____ Size: _____ Bead Type: _____

Other Beads:

Weight:_____ Size: _____ Bead Type: _____
Weight:_____ Size: _____ Bead Type: _____
Weight:_____ Size: _____ Bead Type: _____

Thread:

Type:_____ Size: _____ Color: _____
Type:_____ Size: _____ Color: _____
Type:_____ Size: _____ Color: _____

Beading Needles:

Type:_____ Size: _____
Type:_____ Size: _____
Type:_____ Size: _____

Findings & Other Materials: (Jump Rings, Clasps, Suede, Leather & More)

_____
_____
_____
_____
_____

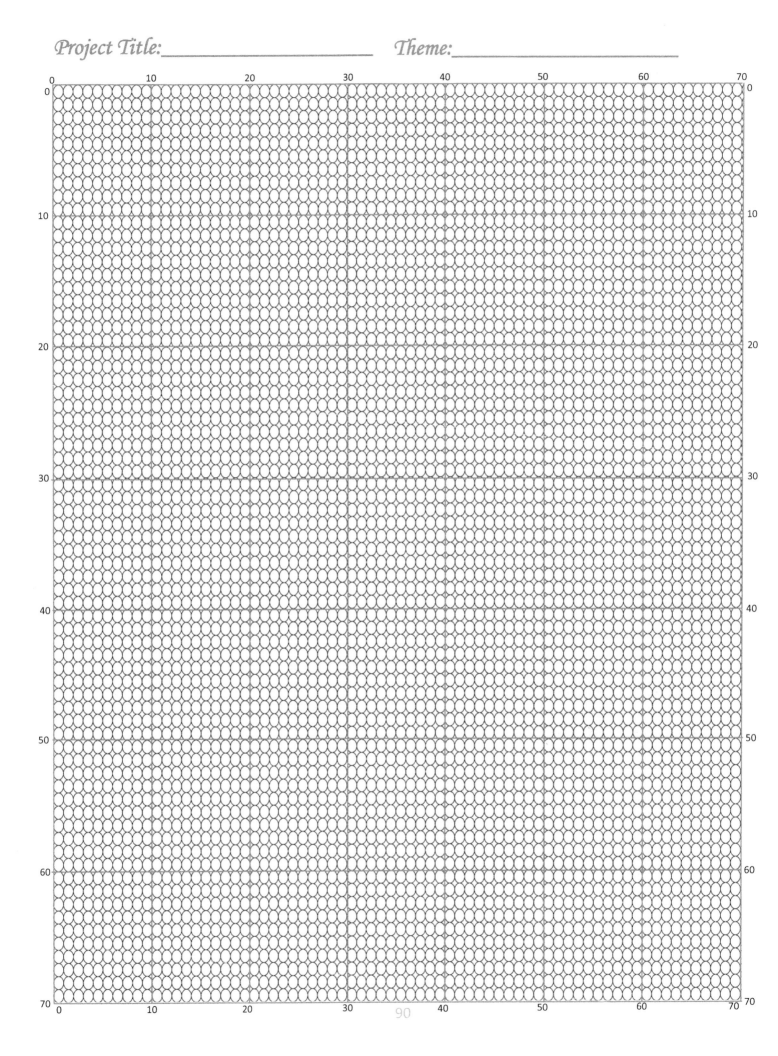

Materials List

Project Title:_____

Start Date:_____ Finish Date: _____

Seed Beads:

Weight:_____ Size: _____ Bead Type: _____
Weight:_____ Size: _____ Bead Type: _____
Weight:_____ Size: _____ Bead Type: _____
Weight:_____ Size: _____ Bead Type: _____
Weight:_____ Size: _____ Bead Type: _____

Other Beads:

Weight:_____ Size: _____ Bead Type: _____
Weight:_____ Size: _____ Bead Type: _____
Weight:_____ Size: _____ Bead Type: _____

Thread:

Type:_____ Size: _____ Color: _____
Type:_____ Size: _____ Color: _____
Type:_____ Size: _____ Color: _____

Beading Needles:

Type:_____ Size: _____
Type:_____ Size: _____
Type:_____ Size: _____

Findings & Other Materials: (Jump Rings, Clasps, Suede, Leather & More)

_____
_____
_____
_____
_____

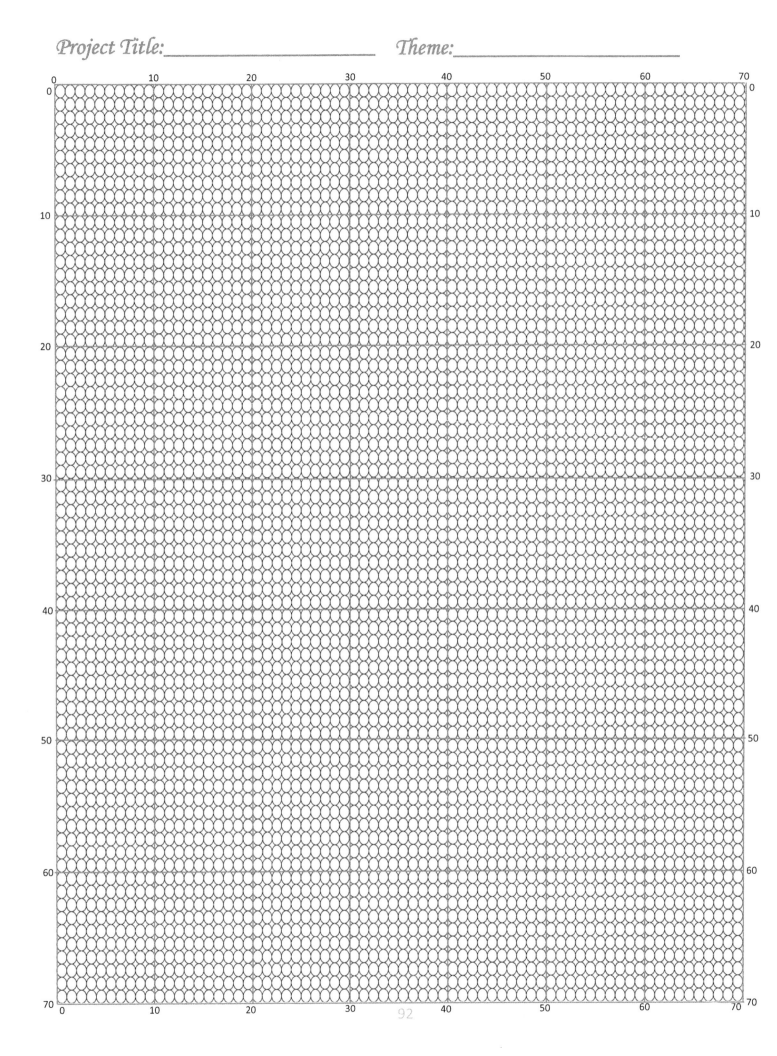

Materials List

Project Title:_____

Start Date:_____ Finish Date: _____

Seed Beads:

Weight:_____ Size: _____ Bead Type: _____
Weight:_____ Size: _____ Bead Type: _____
Weight:_____ Size: _____ Bead Type: _____
Weight:_____ Size: _____ Bead Type: _____
Weight:_____ Size: _____ Bead Type: _____

Other Beads:

Weight:_____ Size: _____ Bead Type: _____
Weight:_____ Size: _____ Bead Type: _____
Weight:_____ Size: _____ Bead Type: _____

Thread:

Type:_____ Size: _____ Color: _____
Type:_____ Size: _____ Color: _____
Type:_____ Size: _____ Color: _____

Beading Needles:

Type:_____ Size: _____
Type:_____ Size: _____
Type:_____ Size: _____

Findings & Other Materials: (Jump Rings, Clasps, Suede, Leather & More)

_____
_____
_____
_____
_____

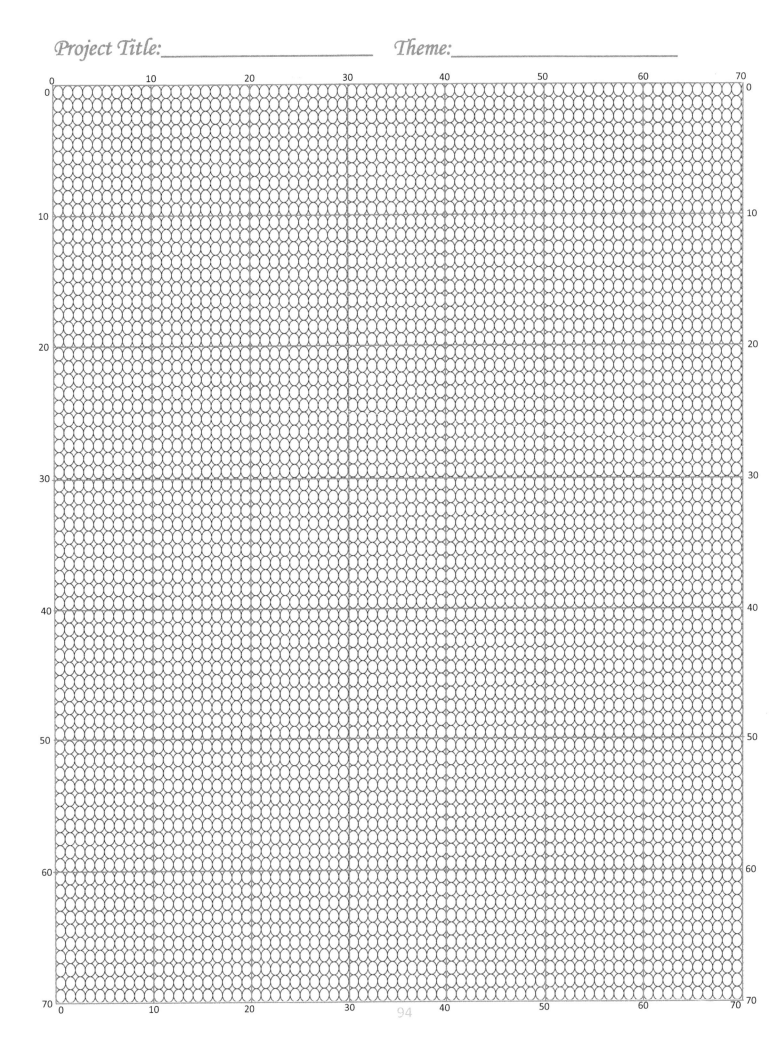

Materials List

Project Title:_____

Start Date:_____ Finish Date: _____

Seed Beads:

Weight:_____ Size: _____ Bead Type: _____
Weight:_____ Size: _____ Bead Type: _____
Weight:_____ Size: _____ Bead Type: _____
Weight:_____ Size: _____ Bead Type: _____
Weight:_____ Size: _____ Bead Type: _____

Other Beads:

Weight:_____ Size: _____ Bead Type: _____
Weight:_____ Size: _____ Bead Type: _____
Weight:_____ Size: _____ Bead Type: _____

Thread:

Type:_____ Size: _____ Color: _____
Type:_____ Size: _____ Color: _____
Type:_____ Size: _____ Color: _____

Beading Needles:

Type:_____ Size: _____
Type:_____ Size: _____
Type:_____ Size: _____

Findings & Other Materials: (Jump Rings, Clasps, Suede, Leather & More)

_____
_____
_____
_____
_____

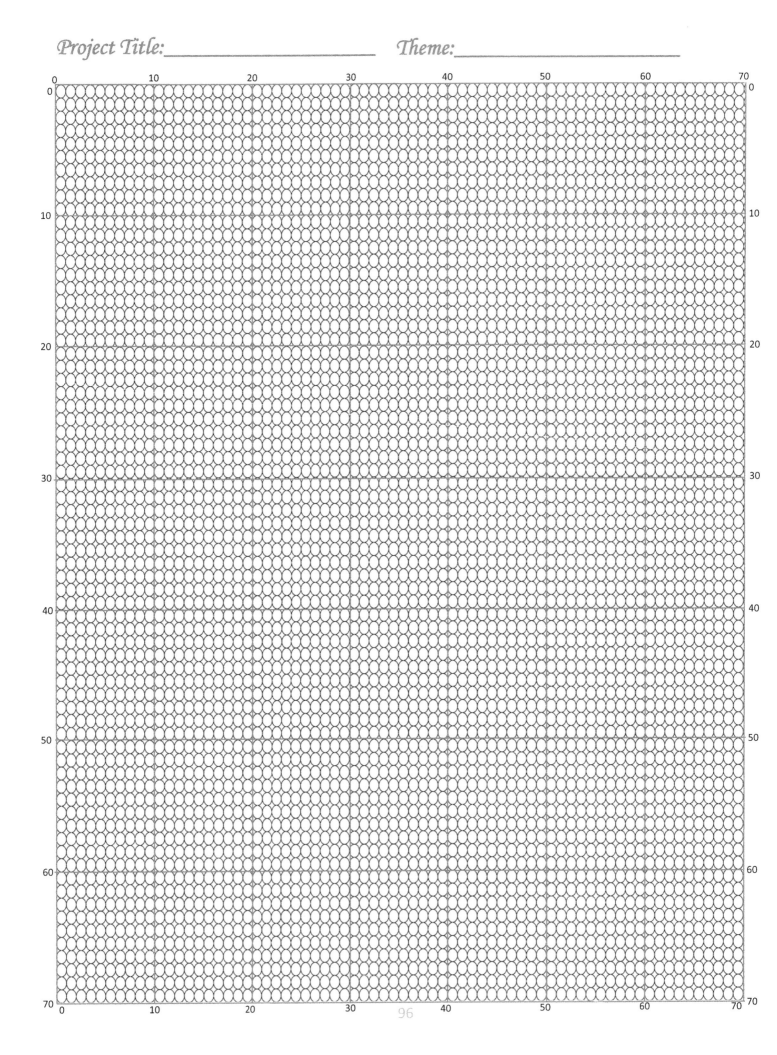

 # *Materials List*

Project Title:_____

Start Date:_____ Finish Date: _____

Seed Beads:

Weight:_____ Size: _____ Bead Type: _____
Weight:_____ Size: _____ Bead Type: _____
Weight:_____ Size: _____ Bead Type: _____
Weight:_____ Size: _____ Bead Type: _____
Weight:_____ Size: _____ Bead Type: _____

Other Beads:

Weight:_____ Size: _____ Bead Type: _____
Weight:_____ Size: _____ Bead Type: _____
Weight:_____ Size: _____ Bead Type: _____

Thread:

Type:_____ Size: _____ Color: _____
Type:_____ Size: _____ Color: _____
Type:_____ Size: _____ Color: _____

Beading Needles:

Type:_____ Size: _____
Type:_____ Size: _____
Type:_____ Size: _____

Findings & Other Materials: (Jump Rings, Clasps, Suede, Leather & More)

_____
_____
_____
_____
_____

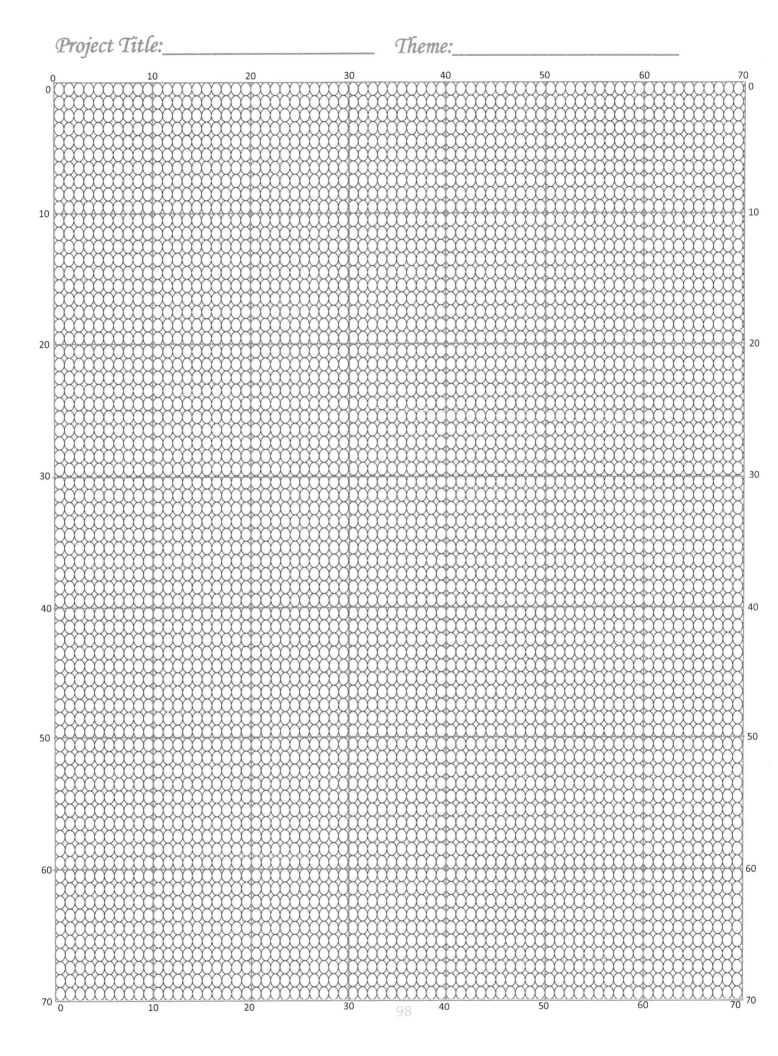

Materials List

Project Title:_____

Start Date:_____ Finish Date: _____

Seed Beads:

Weight:_____ Size: _____ Bead Type: _____
Weight:_____ Size: _____ Bead Type: _____
Weight:_____ Size: _____ Bead Type: _____
Weight:_____ Size: _____ Bead Type: _____
Weight:_____ Size: _____ Bead Type: _____

Other Beads:

Weight:_____ Size: _____ Bead Type: _____
Weight:_____ Size: _____ Bead Type: _____
Weight:_____ Size: _____ Bead Type: _____

Thread:

Type:_____ Size: _____ Color: _____
Type:_____ Size: _____ Color: _____
Type:_____ Size: _____ Color: _____

Beading Needles:

Type:_____ Size: _____
Type:_____ Size: _____
Type:_____ Size: _____

Findings & Other Materials: (Jump Rings, Clasps, Suede, Leather & More)

_____
_____
_____
_____
_____

Project Title:_____ Theme:_____

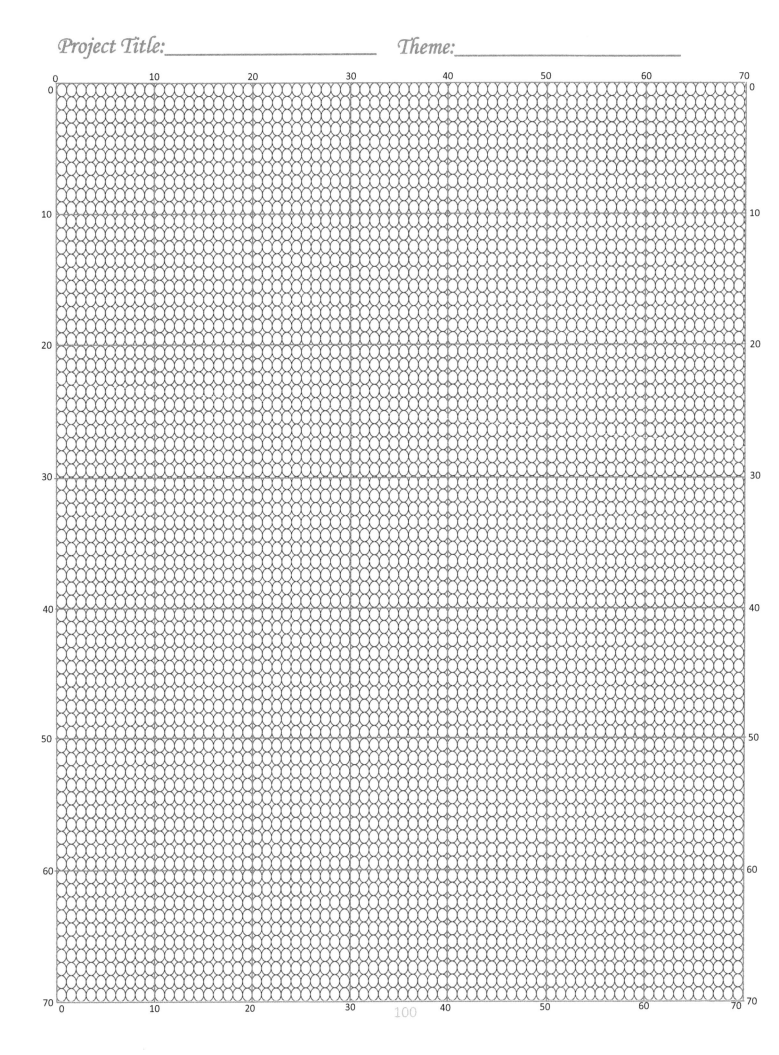

Materials List

Project Title:_____

Start Date:_____ Finish Date: _____

Seed Beads:

Weight:_____ Size: _____ Bead Type: _____
Weight:_____ Size: _____ Bead Type: _____
Weight:_____ Size: _____ Bead Type: _____
Weight:_____ Size: _____ Bead Type: _____
Weight:_____ Size: _____ Bead Type: _____

Other Beads:

Weight:_____ Size: _____ Bead Type: _____
Weight:_____ Size: _____ Bead Type: _____
Weight:_____ Size: _____ Bead Type: _____

Thread:

Type:_____ Size: _____ Color: _____
Type:_____ Size: _____ Color: _____
Type:_____ Size: _____ Color: _____

Beading Needles:

Type:_____ Size: _____
Type:_____ Size: _____
Type:_____ Size: _____

Findings & Other Materials: (Jump Rings, Clasps, Suede, Leather & More)

_____
_____
_____
_____
_____

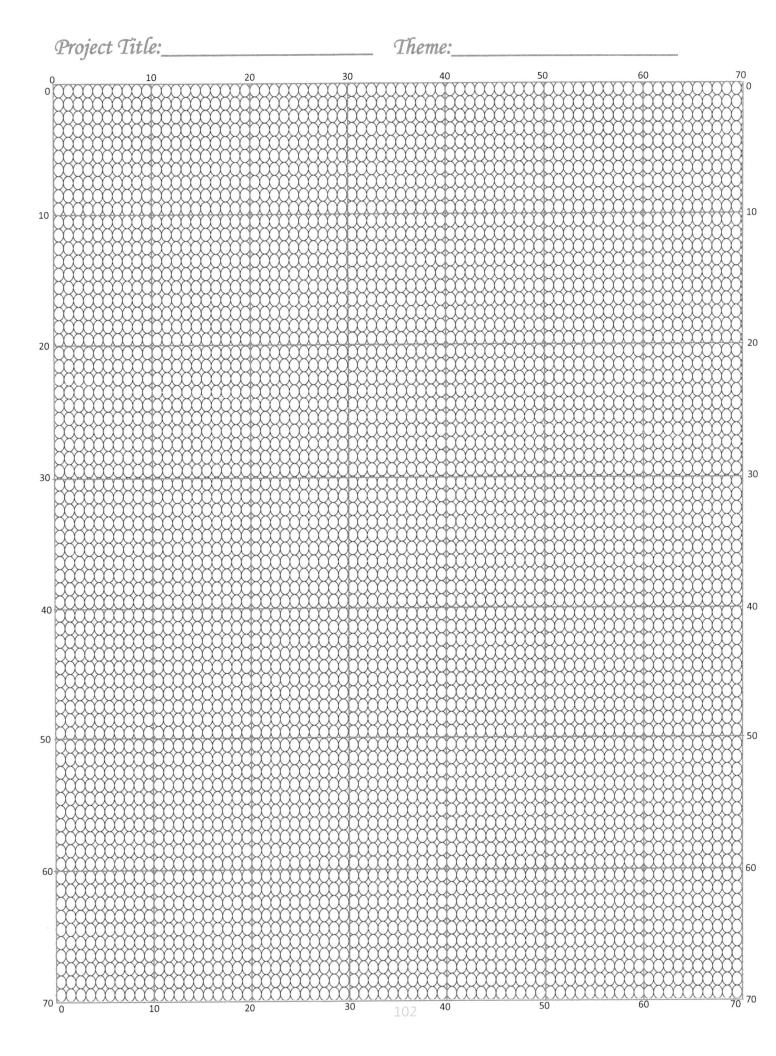

Materials List

Project Title:_____

Start Date:_____ Finish Date: _____

Seed Beads:

Weight:_____ Size: _____ Bead Type: _____
Weight:_____ Size: _____ Bead Type: _____
Weight:_____ Size: _____ Bead Type: _____
Weight:_____ Size: _____ Bead Type: _____
Weight:_____ Size: _____ Bead Type: _____

Other Beads:

Weight:_____ Size: _____ Bead Type: _____
Weight:_____ Size: _____ Bead Type: _____
Weight:_____ Size: _____ Bead Type: _____

Thread:

Type:_____ Size: _____ Color: _____
Type:_____ Size: _____ Color: _____
Type:_____ Size: _____ Color: _____

Beading Needles:

Type:_____ Size: _____
Type:_____ Size: _____
Type:_____ Size: _____

Findings & Other Materials: (Jump Rings, Clasps, Suede, Leather & More)

_____
_____
_____
_____
_____

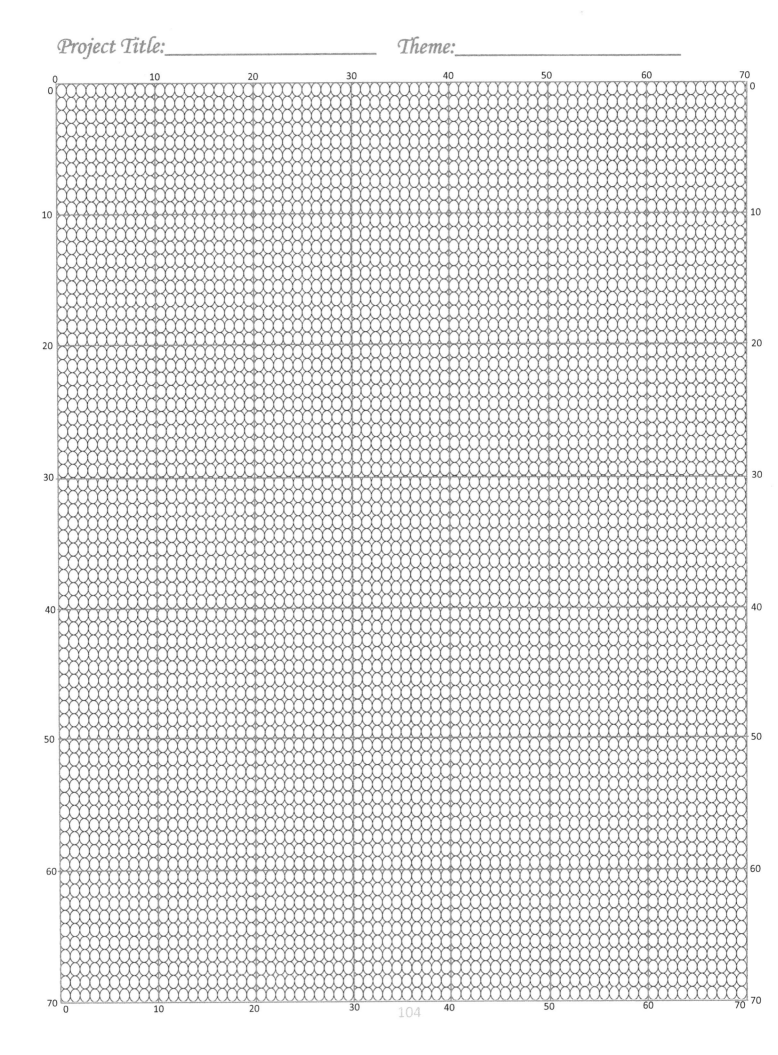

CPSIA information can be obtained
at www.ICGtesting.com
Printed in the USA
BVHW010210150620
581510BV00016B/931

9 781688 655461